学夏北浩精神
做夏北浩传人

甘为天梯扶骄子

机械师尖兵
雷锋式干部

机械师尖兵夏北浩画册

牛强军◎编著

100位新中国成立后为国防和军队建设作出重大贡献、具有重大影响的先进模范人物

——夏北浩

航空工业出版社

北京

内 容 提 要

本书根据收集到的夏北浩本人讲话稿和“夏北浩检查法”相关文献、资料，选取夏北浩肖像、工作照、宣传画、文献资料、雕塑等相关图片250多幅，按照先进思想、优良作风、过硬技术、科学方法等四个部分，以图文形式记述夏北浩生平、事迹、成长经历，展现夏北浩创造的“三个负责”精神和“夏北浩检查法”所蕴含的航空机务工作者的先进思想、优良作风、过硬技术和科学方法及其历史沿革和形成过程，弘扬夏北浩爱党爱国、热爱航空机务工作的精神内涵。

图书在版编目（CIP）数据

甘为天梯扶骄子 : 机械师尖兵夏北浩画册 / 牛强军编著. -- 北京 : 航空工业出版社，2024.9. -- ISBN 978-7-5165-3839-5

Ⅰ.K825.2-64

中国国家版本馆 CIP 数据核字第 2024SB7454 号

甘为天梯扶骄子 : 机械师尖兵夏北浩画册

Ganwei Tianti Fu Jiaozi: Jixieshi Jianbing Xia Beihao Huace

航空工业出版社出版发行

（北京市朝阳区京顺路 5 号曙光大厦 C 座四层　100028）

发行部电话：010－85672688　010－85672689

三河市双升印务有限公司印刷　　全国各地新华书店经售

2024 年 9 月第 1 版　　2024 年 9 月第 1 次印刷

开本：710 × 1000　1/16　　字数：80 千字

印张：9　　定价：59.00 元

夏北浩检查法

三个负责： 对战斗胜利负责，对战友安全负责，对国家财产负责。

三想： 工作前想上级的规定和要求，工作中想方法和步骤，工作后想有没有遗漏。

四到： 该看到的看到，该摸到的摸到，该听到的听到，该嗅到的嗅到。

四个一样： 领导不在场与在场一样，冷天、热天与一般气候条件一样，飞机没有故障与有故障一样，飞行结束晚与结束早一样。

两化： 检查飞机路线化，操作程序化。

三要： 要积累经验摸规律，掌握渐变防突变；要做好经常性的维护保养工作；要对飞机了如指掌。

航空机务优良维护作风

认真负责　准确迅速　团结协作　刻苦耐劳

机务人员六项素质

崇高的革命理想　严谨的科学态度　精湛的业务技术

优良的维修作风　严明的组织纪律　良好的身体素质

航空机务职业道德规范

极端负责　精心维修

心系蓝天

在中国航空博物馆英雄大道上
以夏北浩为原型创作的雕塑

以“机械师尖兵”夏北浩为代表的空军广大机务官兵，一丝不苟、精心维护，一手托着国家的财产，一手托着战友的生命，平凡而又伟大。此组雕塑，撷取机务人员忙碌工作、将战鹰送上蓝天后，期盼战友平安归来的一个动人瞬间。雕塑中的工作梯、工作日志、20 世纪 60 年代机务人员老式装束、工具箱等，是机务工作的典型要素。

夏北浩生于**1938**年**5**月**2**日，广东省新会县人。**1957**年**1**月参加中国人民解放军，**1960**年**9**月加入中国共产党。历任机械员、机械师、副中队长、中队长、大队长、副团长、师副参谋长、师机务处主任等职。

26年的军旅生涯，他怀揣着对党的无限忠诚和热爱，在航空机务平凡的岗位上，创造了非凡的业绩；从普通机务战士逐步成长为机务战线的一面光辉旗帜，将毕生心血奉献给了航空机务事业。

他在 **1964** 年创造的“夏北浩检查法”，集航空机务人员先进思想、优良作风、过硬技术和科学方法为一体，是航空机务维修规律的本质反映，是广大的航空机务人员长期维修实践的宝贵财富。

他先后荣立二等功 **1** 次、三等功 **5** 次；**1964** 年 **9** 月，空军授予夏北浩“机械师尖兵”荣誉称号；**1978** 年 **9** 月，空军党委批准他为“雷锋式干部”；**2009** 年，被党中央、中央军委评为“**100** 位新中国成立后为国防和军队建设作出重大贡献、具有重大影响的先进模范人物”。

夏北浩于 **1988** 年 **1** 月 **16** 日，因病医治无效在鞍山逝世。

夏北浩生平

1938 年 5 月 2 日（农历四月初三），出生于广东省新会县双水镇富美乡邦龙村。

1939 年日本侵略者占领新会县，在侵略者和封建社会的双重压迫中，夏北浩的父亲、奶奶和两个姐姐相继死去。

1947 年 1 月—1955 年 7 月，先后在新会县双水镇邦冲小学、沙富小学、沙路小学、新会县第二中学断断续续读过书，期间因为经济困难和劳动需要，中途停学几年参加劳动。

1956 年 7 月，在新会县富美乡供销社当售货员。

1956 年 10 月，加入中国共青团，曾任团小组长。

1957 年 1 月，在新会县参军入伍。

1957 年 2 月，在广州空军编入新兵连。

1957 年 3 月，进入四川成都空军十三航空学校学习，成为第 15 期学员。

1958 年 5 月，以全部功课 5 分的满分成绩完成航校学习任务。

1958 年 5 月 29 日，任辽宁鞍山空军第一师一团二大队机械员。

1959 年 6 月，荣立三等功一次。

1960 年 9 月 5 日，加入中国共产党。

1960 年 12 月，荣立三等功一次。

1961 年 1 月，荣立三等功一次。

1961 年 2 月，荣立二等功一次。

1961 年 7 月，任代理机械师。

1962 年 6 月，提干任空军鞍山基地机务一大队一中队机械师。

1962 年 8 月，研究探索“夏北浩检查法”。

1963 年 12 月，荣立三等功一次。

1964 年 3 月，沈阳军区空军在鞍山基地召开现场会，将夏北浩检查飞机的经验和方法，进行了总结概括，经沈阳军区空军党委批准，正式命名为“夏北浩检查法”，在沈阳军区空军部队推广。

1964 年 6 月，空军在鞍山基地召开学习和推广“夏北浩检查法”现场会，“夏北浩检查法”推广到空军范围。

1964 年 9 月 29 日，空军党委授予夏北浩“机械师尖兵”荣誉称号。
1965 年 5 月，任空军鞍山基地机务大队一中队二分队副分队长。
1965 年 9 月，任空军鞍山基地机务大队一中队二分队分队长。
1966 年 3 月 7 日，“夏北浩检查法”更名为“鞍山基地机务大队先进经验”。
1966 年 3 月，与爱人许执限结婚。
1968 年 6 月，参加空军第二次学毛主席著作积极分子表彰大会，受到毛主席等党和国家领导人接见。
1968 年 7 月，随空军鞍山基地机务大队一中队整建制进驻内蒙古赤峰。
1968 年 8 月，任空军鞍山基地机务大队一中队副中队长、中队长。
1969 年 4 月，当选中国共产党第九次全国代表大会代表。
1969 年 5 月，当选空军第四届党委委员；参加空军第四次党代表大会。
1970 年 5 月，任空军航空兵第一师二团机务大队大队长。
1970 年 12 月，任空军航空兵第一师二团副团长。
1973 年 8 月，当选中国共产党第十次全国代表大会代表。
1977 年 11 月，参加辽宁省第五届人民代表大会。
1978 年 5 月，参加空军第五次党代表大会，当选空军第五届党委委员，受到党和国家领导人接见。
1978 年 6 月，作为考核组成员参加空军航空工程机务部队岗位练兵中期考核并做示范检查。
1978 年 7 月，任空军航空兵第一师机务处主任。
1978 年 9 月 7 日，被空军党委评为“雷锋式干部”。
1978 年 11 月，参加空军“三学”大会并发言，受到党和国家领导人接见。
1980 年 1 月 18 日，在四川成都改装歼 -7 飞机学习期间突发脑溢血。
1983 年 11 月，因病退休。
1988 年 1 月 16 日，因脑溢血二次复发在鞍山逝世。
2009 年，被党中央、中央军委评为“100 位新中国成立后为国防和军队建设作出重大贡献、具有重大影响的先进模范人物”。

“夏北浩检查法”的形成与发展

1962 年 6 月，夏北浩提干任空军鞍山基地机务一大队一中队机械师，他先后维护 12 架飞机，维护的飞机月月被评为“四无”。

1964 年 3 月，沈阳军区空军在鞍山基地召开现场会，对“夏北浩检查法”维护飞机的经验从思想、作风、技术、方法等方面进行总结提炼，全面归纳为“三个负责、三想、四到、四个一样、两化、三要”，定名为“夏北浩检查法”。

1964 年 6 月，空军工程部在鞍山基地召开推广夏北浩检查法现场会。会议确定全空军宣传夏北浩事迹，学习推广普及“夏北浩检查法”。

1964 年 9 月，《空军报》刊发空军司令部、政治部、工程部“关于立即掀起学习“夏北浩检查法”热潮通知”，学习、推广、普及“夏北浩检查法”活动在空军轰轰烈烈地展开。

1964 年 9 月 29 日，被空军党委授予“机械师尖兵”荣誉称号。

1965 年 3 月，空军工程部下发《空军工程机务部队普及“尖子”经验任务安排》的通知，明确普及“夏北浩检查法”的水平标准和要求。

1965 年 10 月，空军工程部在沈阳召开进一步推广“夏北浩检查法”座谈会。

1965 年 11 月 20 日的《空军报》刊登了《一定要使每个机务人员的维护能力达到先进水平 空军召开进一步落实“夏北浩检查法”座谈会》的文章。

1965 年《航空杂志》第十二期发表社论:《掀起更大更广泛的学习“夏北浩检查法”新高潮》。

1966 年 3 月，空军工程部发出通知，将“夏北浩检查法”改名为“鞍山基地机务大队先进经验”，继续对“夏北浩检查法”推广普及。

1973 年，中央军委下发四号文件，高度肯定“夏北浩检查法”，并指示在空军部队推广落实，提高飞机维护质量，确保飞行安全。

1978 年初，空军航空工程部下发文件，要求机务部队大张旗鼓地宣传推广“夏北浩检查法”，并重新恢复了“夏北浩检查法”的名称。

1978 年 1 月，空军党委制定的《空军 1978 年工作计划》确定，用一年的时间，对空军各方面的工作，全面地有重点地进行整顿。其中，机务工作整顿的要点包括全面推广“夏北浩检查法”。

1978 年 4 月，《空军报》在第 1、2 版通篇报道了夏北浩的先进事迹，并发表了《学习夏北浩，推广“夏北浩检查法”》的评论文章。

1978 年 5 月，空军党委制定了《空军抓纲治军准备打仗　加速革命化现代化建设的三年规划（1978—1980 年）》，其中要求进一步推广夏北浩的先进经验，普及提高“夏北浩检查法”。

1978 年 9 月 7 日，被空军党委评为“雷锋式干部”。

1989 年 12 月，空军党委七届二次全会召开，号召“在航空工程系统特别是机务部队中，大力开展学习夏北浩活动，不断提高维修质量”。

1990 年，空军在党委文件《关于加强空军机务人员队伍建设的决定》中，明确“深入开展学习雷锋、学习夏北浩活动，弘扬革命正义。”

1991 年 4 月，空军航空工程部组织编印下发《机械师尖兵——夏北浩》一书，全面介绍夏北浩的先进事迹和“夏北浩检查法”。

1996 年，空政、空装颁发《关于深入开展学习夏北浩活动　加强航空机务职业道德建设的通知》，要求深入学习夏北浩事迹，加强航空机务职业道德建设。

1997 年、2005 年、2014 年、2018 年空军制发的关于加强航空机务队伍建设的党委文件，都明确要求弘扬夏北浩精神、学习夏北浩事迹、深入推广“夏北浩检查法”。

2009 年，夏北浩被党中央、中央军委评为“100 位新中国成立后为国防和军队建设作出重大贡献、具有重大影响的先进模范人物”。

2010 年，夏北浩的“三个负责”精神被确定为空军装备文化核心价值理念。

2014 年，空军党委做出《关于大力推进航空机务人员队伍建设，切实加强一线维护力量、提高一手工作质量的决定》，突出强调“学夏北浩精神、做夏北浩传人”主题。

2018 年 12 月 28 日，空军颁发空党发〔2018〕15 号《关于加强新时代航空机务人员队伍建设的决定》要求“传承弘扬夏北浩‘三个负责’精神，切实加强机务维护作风建设”。

前言

《夏北浩画册》概要展现夏北浩精神所蕴含的先进思想、优良作风、过硬技术和科学方法的历史沿革和内容，分四部分展现：

先进思想。展示夏北浩“三个负责：对战斗胜利负责，对战友安全负责，对国家财产负责”思想的形成过程和夏北浩实践“三个负责”的情况。

优良作风。展示“夏北浩检查法”中“三想：工作前想上级的规定和要求，工作中想方法和步骤，工作后想有没有遗漏。”“四到：该看到的看到，该摸到的摸到，该听到的听到，该嗅到的嗅到。”“四个一样：领导不在场与在场一样，冷天、热天与一般气候条件一样，飞机没有故障与有故障一样，飞行结束晚与结束早一样。”优良作风的形成过程和夏北浩实践“三想、四到、四个一样”的情况。

过硬技术。展示夏北浩学习、落实条令条例，学习维护知识、练就过硬维护本领的过程，以及夏北浩维护飞机的情况。

科学方法。展示夏北浩在工作中探索“两化：检查飞机路线化，操作程序化。”“三要：要积累经验摸规律，掌握渐变防突变；要做好经常性的维护保养工作；要对飞机了如指掌。”的过程和方法，以及航空机务系统学习推广“夏北浩检查法”的情况。

目录

先进思想

XIAN JIN SI XIANG

夏北浩同志在平凡的岗位上能够创造出这样大的成绩，是和他有着先进的思想、先进的工作姿态分不开的。他高举毛泽东思想红旗，牢记阶级苦，有较高的政治觉悟。正由于这样，他有着很高的政治热情、革命干劲和工作责任心，时刻想到战斗的胜利，战友的安全，人民的财产和机务工作岗位的重要。

——社论：迅速掀起学习推广“夏北浩检查法”的热潮，《空军报》，1964年9月10日

夏北浩故居

1938 年我出生在一个贫苦的农村家庭里，当时家有祖母、父亲、母亲、哥哥、二个姐姐共七口人。靠父亲、母亲、哥哥耕种自己的五亩四分田（小亩）和租种地主的一部分田以及父亲打短工、捞鱼虾来维持全家七口人的生活，家住自己的三间泥墙瓦盖的小房，过着贫苦的生活。

——《夏北浩思想自传》，1973 年 4 月

夏北浩的父亲不幸去世

父亲名夏杯，一贯务农，没有参加任何组织，1942 年 8 月劳累得病。一天夜里土匪抢劫我村，父亲带病逃命，过水受凉又得了伤寒病，因无钱医治而病故。祖母一贯务农，1942 年底因儿子死去，年老气急得病，同年 12 月死去。接着两个姐姐（大的十八岁，小的十五岁）因饥饿得病无钱医治，于 1943 年先后死去。

——《夏北浩思想自传》，1973 年 4 月

我是广东人，在 1949 年从一个贫苦的家庭解救以后，使我得到了生命的机会，使我得到上学读书的机会，使我的生活一天天好起来，这一切的一切，使我深深感恩解放军、共产党、毛主席的恩情。如果不是解放军，不是共产党、毛主席领导得好，我也不知道会成了什么样子。大家想一想就会知道，在那黑暗的旧社会里，像我这样一个穷人家庭出身的孩子会有什么活路。

——夏北浩在推广“夏北浩检查法”现场会议上的发言，1964 年 6 月 11 日

日本侵略者在广东地区犯下滔天罪行

广东沦陷区的农民在日军监视下收割水稻

我生长在一个贫苦的农民家庭，在黑暗的旧社会，我家和千千万万的劳动人民一样，受压迫，受剥削，过着饥寒交迫的生活，是黑暗的旧社会夺去了我的父亲、祖母和两个姐姐的生命。而今天，我家和千千万万的劳动人民家庭一样，过着美好幸福的生活，这一切都是毛主席、共产党英明领导的结果。我要永远记住旧社会的阶级苦、血海仇，永远记住今天幸福生活来之不易，永远紧握手中武器，跟毛主席、共产党干革命。

——《夏北浩思想自传》，1973 年 4 月

1949 年 10 月 24 日，新会解放。

图为中国人民解放军粤中纵队举办入城仪式，受到江门人民群众夹道欢迎和当日报纸报道

哥哥给夏北浩讲英雄人物的事迹

自从 1954 年听了哥哥和参加抗美援朝复员的同志讲述美帝国主义在朝鲜如何残杀朝鲜人民，地主、土匪是如何不甘心灭亡，垂死挣扎，杀害群众。同时看了许多像黄继光、董存瑞那样的英雄故事，从此，自己天天盼望能够亲自拿起枪消灭那些狗豺狼。

——《夏北浩思想自传》，1973 年 4 月

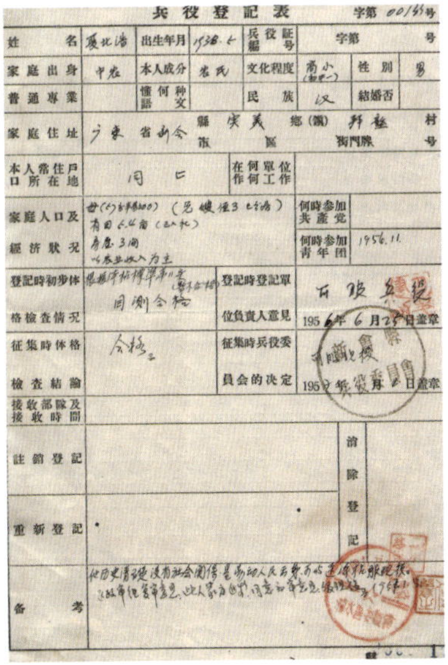

兵役登記表 字第 00135 号

姓名	夏北浩	出生年月	1938.6	兵役証編号	字第 号		
家庭出身	中农	本人成分	农民	文化程度	高小	性別	男
普通專業		懂何种語文		民族	汉	結婚否	
家庭住址	广东省新会縣(市) 实美鄉(區) 野鳌村 街門牌 号						
本人常住戶口所在地	同上	在何單位作何工作					
家庭人口及經济狀况	（兄嫂侄3 ……）有田6.4亩 房屋3间 以农业收入为主	何時参加共產党		何時参加青年团	1956.11		
登記時初步体格檢查情况	同测合格	登記時登記單位負責人意見	可服兵役 195 6年 6 月 25 日蓋章				
征集時体格檢查結論	合格	征集時兵役委員会的决定	195 年 月 日蓋章				
接收部隊及接收時間							
註銷登記		消除登記					
重新登記							
备考							

夏北浩的兵役登记表

1955 年党宣传义务兵役制，号召青年积极响应党的号召，履行自己的义务时，自己更加积极地报名参军，决心拿起枪杆子，保卫祖国，履行自己的神圣义务。

——《夏北浩思想自传》，1973 年 4 月

1957 年 1 月，夏北浩在新会县参军入伍；2 月，在广州空军编入新兵连；3 月，进入四川成都原空军十三航空学校学习航空机械，成为第 15 期学员。

原十三航校校门

20 世纪 50 年代成都

20 世纪 50 年代望江公园

入伍后被分配到四川省成都市第十三航空学校当学员。经过入伍教育，使自己进一步懂得了为谁当兵为谁打仗的道理，更加清楚地认识到了党和毛主席，祖国人民交给自己光荣而艰巨的神圣任务。

——《夏北浩思想自传》，1973 年 4 月

我入伍在航校时，当我知道党和人民需要我学习维护飞机这门技术时候，我的心情是多么的激动和高兴！像我这样在旧社会受压迫受剥削的穷人家的孩子，如果不是毛主席、共产党领导得好，怎能有今天！党和人民要自己学习维护飞机的本领，怎么能不激动呢？为了能很好地完成党交给自己的任务，我克服了各种困难，刻苦学习。

——谈谈如何做好飞机维护工作，
夏北浩在遵化部队经验交流的讲话，1978 年 6 月 27 日

航校学员认真学习

航校学员在实习

我曾经碰到过不少困难。我是个广东人，在航校学习时，一开始听不懂普通话，再加上文化很低，教员讲的什么空气呀、动力呀都听不懂，这个公式、那个定律更是莫名其妙，真是急死人。班长陈其旺同志看透了我的心思，就对我说："文化低不能怪我们，这是旧社会造成的。急没有用，要下决心学。"我越想越觉得他的话对。解放前，我的祖母、父亲和两个姐姐，相继饿死了，哥哥躲壮丁逃到外地去做工，我八岁下田干活，那个时候饭都吃不饱，哪有钱上学呢？

——夏北浩同志谈检查维护飞机，《航空杂志》，1964 年第九期

夏北浩和战友互助学习

夏北浩和战友合影（第二排左 3）

现在党送我进了航空学校，有这样好的条件，怎么能够因为听不懂（普通）话有困难就不学了吗？从此，我就把班长和能听懂普通话的广东籍同学当成老师和翻译，每次课后三番五次地找他们给我补课。自己接受能力差，记不住，就早起、晚睡，节假日不休息，抓紧一切时间进行复习。在教员的耐心教导和同志们的热情帮助下，我终于毕业了，每门功课都得到了五分。

——夏北浩同志谈检查维护飞机，《航空杂志》，1964 年第九期

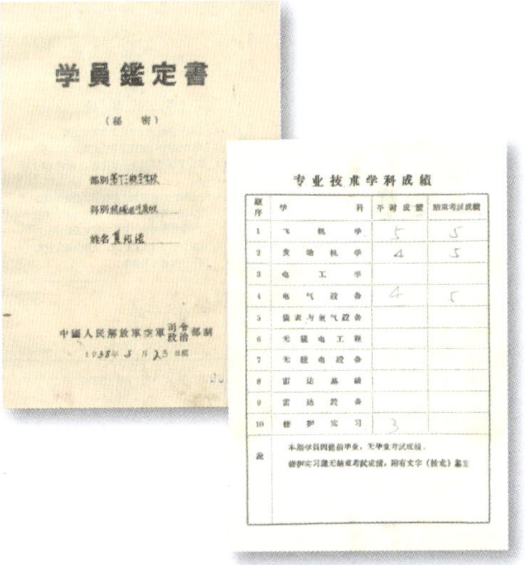
学員鑑定書

（秘 密）

部别

科别

姓名

中國人民解放軍空軍司令部政治部制

专业技术学科成績

順序	学科	平时成绩	结束考試成績
1	飞机学	5	5
2	发动机学	4	5
3	电工学		
4	电气設备	4	5
5	仪表与氧气設备		
6	无线电工程		
7	无线电設备		
8	雷达基础		
9	雷达設备		
10	维护实习	3	

夏北浩成绩表（部分）

机场上的机群

1958 年 5 月 29 日分配到空军第一师一团二大队当机械员。到部队后，看到了一架架崭新的战鹰，想到自己快要亲自维护战鹰保卫祖国的神圣领空，消灭敢于来犯的敌人，心里是多么的高兴。

——《夏北浩思想自传》，1973 年 4 月

鞍山火车站

经过部队领导和同志们的教育，使自己懂得了要维护好飞机，就要有脚踏实地、认真细致、一丝不苟、服从领导、遵守纪律的革命精神，同时还要有努力学习，刻苦钻研，提高本领，遵守规章的科学态度。

——《夏北浩思想自传》，1973 年 4 月

1958年5月，我从航校毕业来到部队。第一次到东北，在零下二三十度维护飞机，感到有些吃不消。当时曾经这样想：同样是为人民服务，能不能让我到南方去呢？领导知道我有这种想法，就启发我从毛主席著作中去找答案。

——夏北浩同志谈检查维护飞机，《航空杂志》，1964年第九期

机务人员在清扫跑道上的积雪

我学习了《为人民服务》和《纪念白求恩》两篇文章，当看到毛主席说的“张思德同志是为人民利益而死的”，白求恩同志“不远万里，来到中国”“他对工作的极端的负责任，对同志对人民的极端的热忱”这几句话时，感到自己这种“拈轻怕重，把重担子推给人家，自己挑轻的，一事当前，先替自己打算”的想法，实在太不应该了，这不是革命的思想。从此以后，我就加强锻炼，冬天用冷水洗脸，多在户外活动，尽量不戴手套，慢慢地也就适应了东北的气候。

——夏北浩同志谈检查维护飞机，《航空杂志》，1964年第九期

执行任务归来的飞行员

通过党的知识的学习，使我懂得中国共产党是无产阶级的先锋队伍，是领导广大劳动人民进行革命斗争，为实现共产主义而奋斗的队伍，我是多么希望能加入这个组织，在他的抚育下，为实现人类最伟大的理想——共产主义而贡献自己的一切力量。

——《夏北浩思想自传》，1973 年 4 月

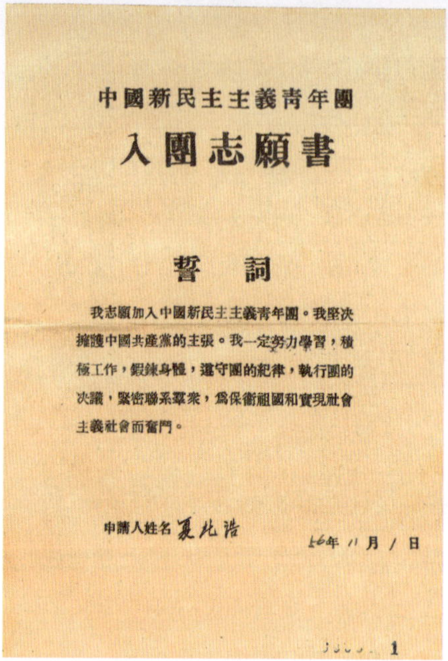

中國新民主主義青年團

入團志願書

誓詞

我志願加入中國新民主主義青年團。我堅決擁護中國共產黨的主張。我一定努力學習，積極工作，鍛鍊身體，遵守團的紀律，執行團的決議，緊密聯系羣衆，爲保衛祖國和實現社會主義社會而奮鬥。

申請人姓名 夏北浩　　56年 11 月 1 日

夏北浩入团志愿书

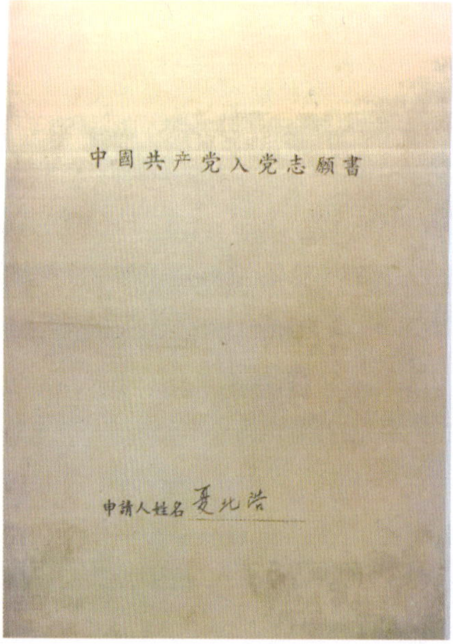

中國共产党入党志願書

申請人姓名 夏北浩

夏北浩入党申请书

我觉得，在形式上加入党的组织不是最终目的，我绝不做毛主席所批评的“虽然在组织上入了党，但在思想上却还没有入党，或没有完全入党”那样的共产党员。所以没有在组织上急于争党票，而是时刻按党员标准要求自己，在实际工作中改造自己，争取做一个名副其实的、在思想上真正入党的共产党员。自己的一切无条件交给党组织来打分、来安排，并于 1960 年 9 月 5 日由陆宝璧、张先惠介绍加入伟大、光荣、正确的中国共产党。

——《夏北浩思想自传》，1973 年 4 月

夏北浩学习《毛泽东选集》从中摄取营养

开始做机务工作以后，我学习了《为人民服务》《纪念白求恩》这些文章，联想到自己的工作：党把维护飞机这样重要的任务交给我，责任可不小，工作做好做坏，关系到战斗的胜败、阶级兄弟生命和国家财产的安全。我就下定决心，要像白求恩、张思德那样，全心全意做好革命工作。

——夏北浩：毛泽东思想哺育了我，《空军报》，1964年9月12日

毛泽东思想教育我懂得为党工作要忠心耿耿，对阶级敌人要刻骨仇恨，对同志对人民要极端热忱，对革命工作要极端地负责任。毛泽东思想教育我懂得“完全彻底”“为人民服务”的思想，毛泽东思想使我战胜一切困难，学会为人民服务的本领，使我懂得对技术要精益求精，要精心维护好飞机，保证飞行安全，让战鹰随时升空消灭敌人。

——夏北浩同志在空军党委四届四次全会上的发言，1971年

《毛泽东选集》

雷锋同志说过，人的生命是有限的，可是为人民服务是无限的。他把自己有限的生命投入到无限的为人民服务中去，所以他成为我们每一个活着的人学习的榜样。雷锋是一个穷人家庭出身的孩子，是一个解放军战士，他能做得这样好。我也是一个穷人家庭出身的孩子，也是一个解放军战士，应该很好地向他学习，把自己有限的生命贡献给我们空军建设的事业中去。

——夏北浩在推广“夏北浩检查法”现场会议上的发言，1964 年 6 月 11 日

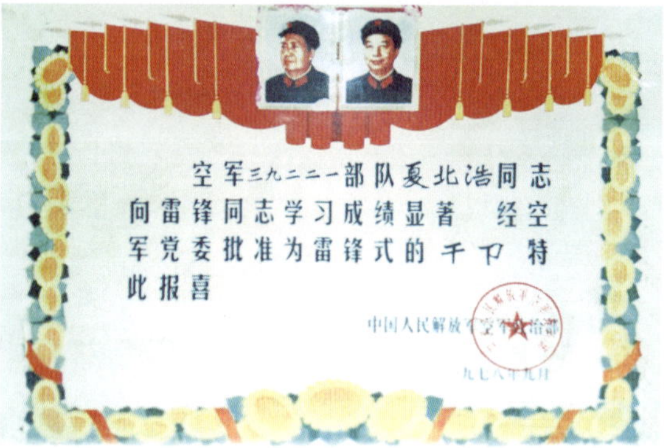

“雷锋式干部”奖状

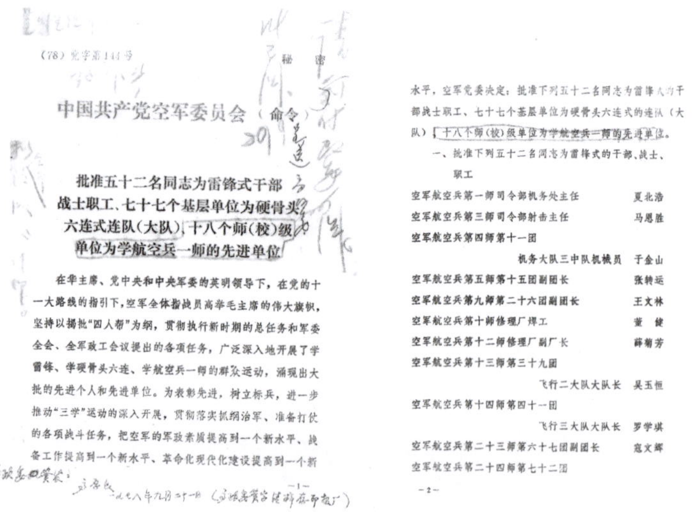

（78）党字第144号　　秘密

中国共产党空军委员会（命令）

批准五十二名同志为雷锋式干部战士职工、七十七个基层单位为硬骨头六连式连队（大队）、十八个师（校）级单位为学航空兵一师的先进单位

在华主席、党中央和中央军委的英明领导下，在党的十一大路线的指引下，空军全体指战员高举毛主席的伟大旗帜，坚持以揭批“四人帮”为纲，贯彻执行新时期的总任务和军委全会、全军政工会议提出的各项任务，广泛深入地开展了学雷锋、学硬骨头六连、学航空兵一师的群众运动，涌现出大批的先进个人和先进单位。为表彰先进，树立标兵，进一步推动“三学”运动的深入开展，贯彻落实抓纲治军、准备打仗的各项战斗任务，把空军的军政素质提高到一个新水平、战备工作提高到一个新水平、革命化现代化建设提高到一个新

—1—

水平，空军党委决定：批准下列五十二名同志为雷锋式的干部战士职工、七十七个基层单位为硬骨头六连式的连队（大队），十八个师（校）级单位为学航空兵一师的先进单位。

一、批准下列五十二名同志为雷锋式的干部、战士、职工

空军航空兵第一师司令部机务处主任	夏北浩
空军航空兵第三师司令部射击主任	马恩胜
空军航空兵第四师第十一团机务大队三中队机械员	于金山
空军航空兵第五师第十五团副团长	张转运
空军航空兵第九师第二十六团副团长	王文林
空军航空兵第十师修理厂焊工	董　健
空军航空兵第十二师修理厂副厂长	薛菊芳
空军航空兵第十三师第三十九团飞行二大队大队长	吴玉恒
空军航空兵第十四师第四十一团飞行三大队大队长	罗学琪
空军航空兵第二十三师第六十七团副团长	寇文辉
空军航空兵第二十四师第七十二团	

—2—

“雷锋式干部”文件

夏北浩在检查飞机

在夏北浩的日记里，有这样一段话："党把价值昂贵的飞机交给我维护，这是对我最大的信任，我绝不能辜负党的期望，一定要以认真负责、踏踏实实的态度，对战斗胜利负责，对战友安全负责，对国家财产负责。"

——对革命事业高度负责，《解放军报》，1964 年 9 月 4 日

航空机务士官学校机务史长廊（局部）

“飞机上的零件成千上万个，我们机务人员在工作中稍有一点疏忽，一个动作、一个零件出了问题，就可能会给党和人民带来巨大的损失，给战友的生命安全带来威胁。”

——“机械师尖兵”夏北浩，《空军装备》，2011 年第七期

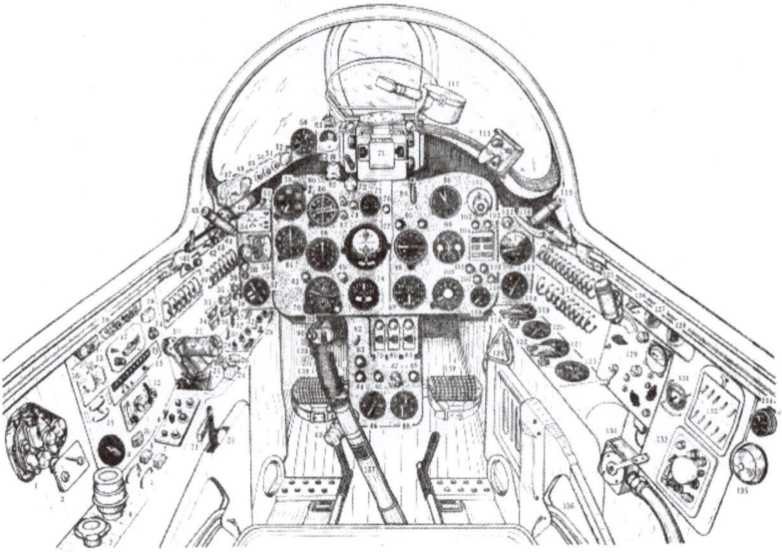

歼 -6 飞机座舱图

夏北浩同志出身于贫农家庭，十分热爱机务工作，有着一股干不好工作吃饭不香，睡觉不甜的革命精神，六年如一日把自己全部精力放在维护飞机的事业上。

——推广“夏北浩检查法”现场会议上开幕词，空军工程部，1964 年 6 月 10 日

机务官兵用“夏北浩检查法”检查飞机

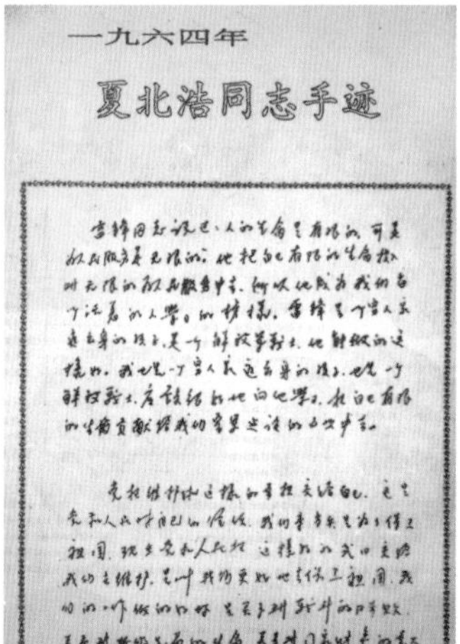

一九六四年

夏北浩同志手迹

夏北浩同志手迹

平日，工作前想上级的指示要求，工作中想如何提高质量，工作后想还有什么遗漏。检查飞机时，做到了看到、摸到、听到、嗅到；在一年到头的维护工作中，坚持做到领导不在场和在场一个样，冷天和热天一个样，飞机没有故障和有故障一个样，飞行结束得晚和结束得早一个样。这就是后来领导总结的“三想”“四到”“四个一样”，我想，我这样去工作，就是按毛主席教导办事，就是去斗争。

——夏北浩：毛泽东思想哺育了我，《空军报》，1964 年 9 月 12 日空军党委多次强调加强机务人员优良维护作风的培养，要求机务人员明确树立对国家财产负责，对飞行安全负责，对飞行人员负责，对飞机的良好负责到底的高度政治责任感。我们机务人员的一切工作，就是为了保证飞机经常良好，保证飞行安全。

——夏北浩同志谈检查维护飞机，
《航空杂志》，1964 年第九期

夏北浩在检查飞机

航空机务士官学校夏北浩图书角（局部）

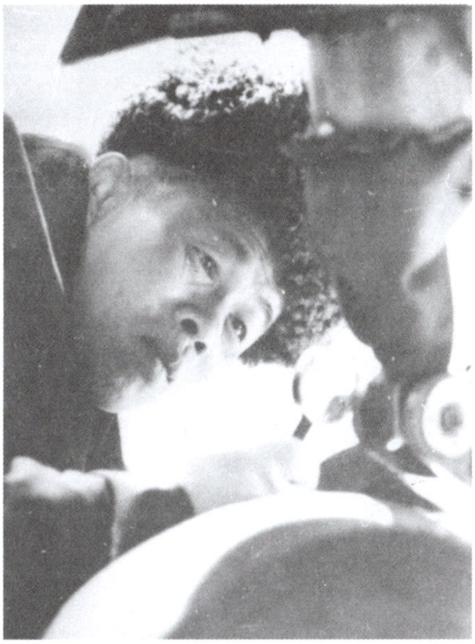

夏北浩在检查飞机

实践使我更加懂得，为了战斗的胜利，为了战友的生命安全，为了国家财产不受损失，我再辛苦再累也心甜，我在工作中每时每刻都在想，宁肯自己辛苦千万次，也决不让战友担半点风险，决不让国家财产受半点损失。

——谈谈如何做好飞机维护工作，夏北浩在遵化部队经验交流的讲话，1978 年 6 月 27 日

他已把精力全都放在保证飞行上。隆冬腊月，他穿着单衣和故障作斗争不觉得苦，盛夏三伏，他顶着骄阳检查飞机也不喊累。他为什么能够这样呢？人们曾经向他问过这个问题，他的答复是：“为了保证空战胜利，为了保证飞行安全，我苦一点累一点又算得了什么。只要党需要，我愿干一辈子机务工作。”从这句话中，我们看到了他的可贵思想，看到了他保卫祖国的一颗红心。

——一片赤心为飞行：记三七九二部队机务一大队一中队机械师夏北浩，《空军报》，1963 年 10 月 16 日

夏北浩在北京天安门广场留影

一个人如果离开了党，就会一事无成，一个人如果离开了群众，他就会像一条鱼离开了水一样，就会失去了生命的机会，就像一个鹰离开了鹰群一样，它就会孤苦伶仃。

——夏北浩在推广“夏北浩检查法”现场会议上的发言，1964 年 6 月 11 日

夏北浩在检查飞机

2009 年建国 60 年之际，夏北浩被党中央、中央军委评为 100 位新中国成立后为国防和军队建设作出重大贡献、具有重大影响的先进模范人物（第 1 排左 1）

要做好飞机维护工作，我认为首先要树立无产阶级的革命事业心。没有为无产阶级革命事业奋斗终身的思想，没有全心全意为人民服务的思想，没有对革命工作无限热爱的思想，说具体点，我们干机务工作的同志，如果没有对机务工作的无限热爱，就不会有“三个负责”，就很难维护好飞机。我们干机务工作和做任何工作一样，要想做好本职工作，要想维护好飞机，就要热爱机务工作。

——谈谈如何做好飞机维护工作，夏北浩在遵化部队经验交流的讲话，1978 年 6 月 27 日

对于我这样实实在在地抓工作，同志们都很欢迎，给了很多鼓励和支持。可是，在“四人帮”横行的那几年，刮起了一股反对“一抓三促”的“妖风”，我们党的优良传统遭到严重破坏，一些是非问题被颠倒了，这样脚踏实地地干工作，反而不行了，被指责为“只埋头拉车，不抬头看路”。

有一次，一个熟悉的同志关心地对我说：“你当个领导干部，这样没白天、没黑夜地干，不怕人家说你‘不抬头看路’吗？”我跟他谈心，对他说：“你注意了没有，拉车的人一看准了路，就埋头使劲，一直向前，哪有一步一抬头拉车的呢？我们共产党人认准了毛主席指引的革命路，就一个心眼地拉下去，绝不做三心二意的抬头观望派。”

——艰苦奋斗 继续革命 努力战斗在机务工作第一线，
夏北浩在唐山部队经验交流的讲话，1978年6月25日

机场的机群

今后一定要遵照毛主席对中高级干部的要求："认真看书学习，弄通马克思主义。"不断提高识别真假马列主义的能力，不断提高阶级斗争、路线斗争和继续革命的觉悟，保持谦虚谨慎，积极工作，努力学习，刻苦钻研，积极开展批评与自我批评，为党的革命事业，为实现人类最伟大的理想——共产主义而奋斗。

——《夏北浩思想自传》，1973 年 4 月

空軍工程部党委会議紀要　(34) 第 42 号

已发：部党委委員，直属处，存档一份。

共 14 分　一九六四 年 八 月廿九日　工程部办公室印

时間：一九六四年八月十八日

出席：魏国运、翟佑民、陆鹏展

列席：陈明秋、王　珂、毕烈增、郭振华、李忠芳、刘　明

討論与决定事項

一、会議同意空軍政治部提出的准备在空軍学习毛主席著作积极份子、四好单位、五好战士代表会議上授予崇安机务大队定期检修中队"維护作风标兵中队"称号、授予空軍独立四团修理中队"紅旗修理中队"称号、授予鞍山基地机械师夏北浩"紅色机械师"称号、授予王家墩基地机务二大队机械員朱先德和五航校四团机务三中队軍械員边正紅"五好战士标兵"称号的意見。

会議认为七航校修理厂、第一高专的三站及十七厂鉗焊車間焊工李绪祥等单位和个人的事跡很突出，建議空政报請空軍党委分别授予七航校修理厂"艰苦奋斗的紅旗修理厂"、第一高专的三站"三站安全标兵"和十七厂焊工李绪祥"五好工人标兵"称号。由办公室将材

1964 年 8 月 18 日，空军工程部党委
讨论与决定事项：夏北浩授称的决定

在旧社会，我是个苦孩子，由于饥寒交迫，有四口亲人被夺去了生命。我个人能得到成长进步，所取得的每点成绩，都是毛泽东思想的哺育。由于各级党组织的亲切培育，由于周围同志的关心帮助，我只是为党做了一点应该做的工作，党和人民就给我很高荣誉。特别是我终生难忘的是，曾光荣地出席了党的第九次和第十次全国代表大会，多次幸福地见到过伟大领袖毛主席。我总感到作为一个共产党员要坚持继续革命，为共产主义奋斗终身，就要发扬大干苦干的精神，舒舒服服干不了革命，干革命就不能怕苦怕累，个人利益必须服从革命利益，“小家”必须服从“大家”的利益。一定要学习和继承革命先辈在革命战争时期的那么一种拼命精神，把心用在继续革命上，把劲使在机务工作上。

——艰苦奋斗 继续革命 努力战斗在机务工作第一线，
夏北浩在唐山部队经验交流的讲话，1978 年 6 月 25 日

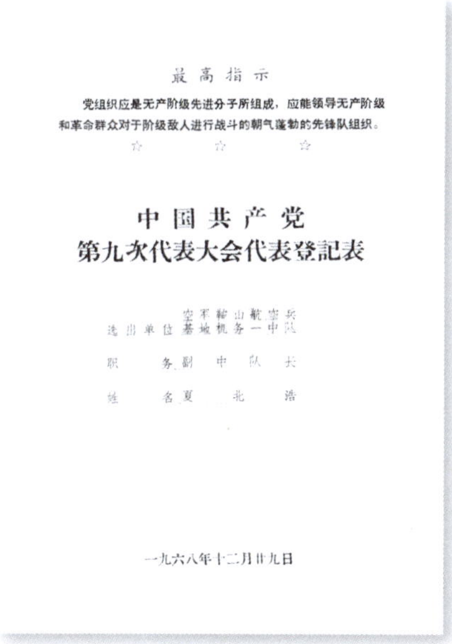

最高指示

党组织应是无产阶级先进分子所组成，应能领导无产阶级和革命群众对于阶级敌人进行战斗的朝气蓬勃的先锋队组织。

☆ ☆ ☆

中国共产党
第九次代表大会代表登記表

选出单位 空军輸山航空兵基地机务一中队

职务 副中队长

姓名 夏北浩

一九六八年十二月廿九日

第九次代表大会代表登记表

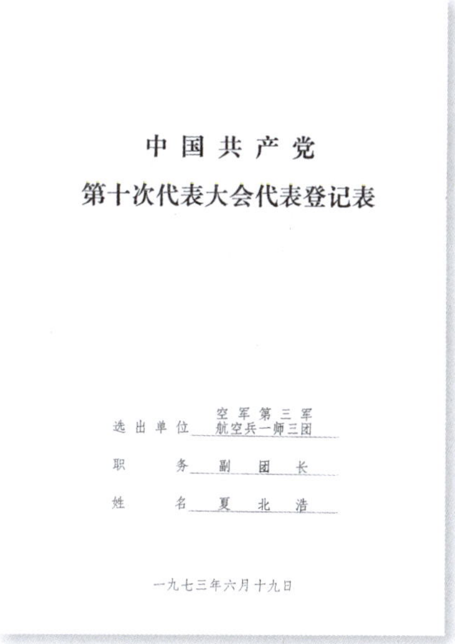

中国共产党
第十次代表大会代表登记表

选出单位 空军第三军航空兵一师三团

职务 副团长

姓名 夏北浩

一九七三年六月十九日

第十次代表大会代表登记表

优良作风

YOU LIANG ZUO FENG

“夏北浩检查法”有一个严格要求、一丝不苟的优良维护作风。“夏北浩检查法”提出了工作前想上级的规定、要求，工作中想操作方法、步骤，工作后想有没有遗漏；不管是一般气候条件还是冷天热天，飞行结束的早或晚，飞机有无故障，领导在场或不在场，都一样认真地按着条例规定的内容检查飞机，该看的看到，该摸的摸到，该听的听到，该嗅的嗅到。毛主席说：“世界上怕就怕‘认真’二字，共产党就最讲‘认真’。”夏北浩同志，一贯认真负责，一丝不苟，因而他的工作在任何时候都经得起检查。

——大力推广“夏北浩检查法”改进机务维护作风 提高飞机维护质量，
曹里怀，《航空杂志》，1964 年第六期通过毛主席著作的学习，使我深深感到，我们是干机务工作的，维护飞机是一个比较复杂的科学。毛主席教导我们说：“科学是一种老老实实的学问，任何一点调皮都是不成的。”我想，对于我们直接维护飞机的机务人员来说，贯彻落实条令条例是做好机务工作的根本保证。

——夏北浩在推广“夏北浩检查法”现场会议上的发言，1964 年 6 月 11 日

航空机务条令、条例、规程（部分）

要想落实条例、规程，首先就要懂得条例、规程规定的内容，在脑子里熟记这些内容，在工作上要熟练地掌握检查、操作方法，在实践中要一丝不苟地去做。对条例、规程所规定的内容要记得、懂得、会做、照做，这就要下功夫刻苦学习。只要学习航空理论知识，懂得机件的构造、工作原理，才能懂得条例、规程为什么做这样规定。要熟记条例、规程的内容，就要刻苦学习。

——谈谈如何做好飞机维护工作，

夏北浩在遵化部队经验交流的讲话，1978 年 6 月 27 日

航空机务条令、条例、规程（部分）

我就下决心下苦功夫记熟条例，从贯彻条例入手来做好飞机检查工作。我经常将条例带在身边，有时间就看几段，睡觉前背上几段；每次检查飞机都按条例一条一条地做，检查完了，再对照条例看看是否有遗漏。这样学了用、用了学，反复学、反复用、反复对照，才把条例记熟了。去年休假后刚回到部队，正赶上测验条例，我还没来得及复习，基地工程部长一连问了我 12 个问题，我都答对了。

——夏北浩同志谈检查维护飞机，《航空杂志》，1964 年第九期

夏北浩跟机组人员在飞行间隙学习条例（右 2）

熟记条例，融会贯通，并适时运用，是夏北浩同志的过硬本领。他所以能够检查到哪里就能及时发现那里的问题，正是由于他对条例内容、数据记得清，“熟能生巧”的缘故。随时随地，只要一提到条例和操作规程上的什么问题，他都能对答如流。成百个数据，他可以检查到哪里用到哪里，所以有人称夏北浩同志是“活条例”。为了熟记条例内容和数据，夏北浩同志是下过一番苦功夫的。他能熟记条例，不光是靠背诵，而主要是想方设法弄懂它的道理，并对照实物反复思考，不断操练。因此，他能达到融会贯通、得心应手的地步。

——“夏北浩检查法”，《航空杂志》，1964 年第五期

那还是 1958 年 10 月的一个飞行日，夏北浩给飞机加油后，油箱盖没有拧紧，结果一开车油冒了一地。当时夏北浩十分痛心。他自觉地检查了原因，认为主要是没有把上级的规定和要求记在心上，加油后没有好好想一想有没有漏洞。一句话，不认真。接受这次教训，他给自己立下了工作中一定要做到“三想”的规矩。就是：工作前想上级的规定和要求；工作中想操作方法和步骤；工作后想有没有遗漏。从这以后，夏北浩一直坚持这样做，从不懈怠。

——一颗红心为飞行：

记空军机务维护工作标兵夏北浩，《解放军报》，1964 年 9 月 4 日

夏北浩工作失误导致漏油

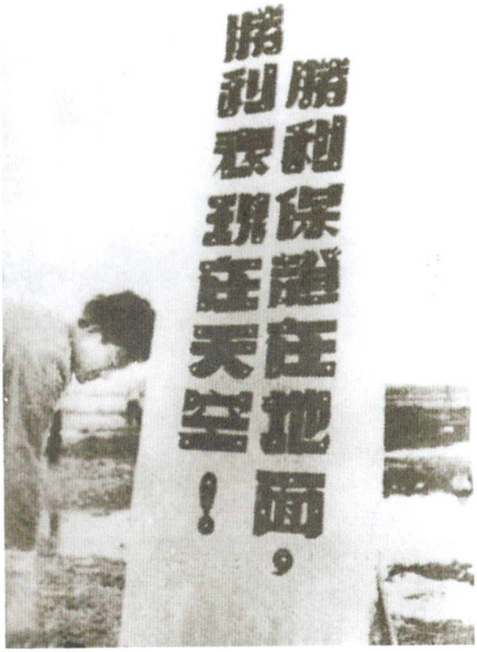

胜利保障在地面，胜利表现在空中

夏北浩提干后的第一张照片

1961年7月，领导让我代理机械师工作，可巧，头一次帮助飞行员开车，就没有成功，再次开车虽然成功了，但是耽误了一分钟。这件事使我感到非常难受，我想：平时开不起车来，会影响训练，浪费国家财产；战时开不起车来，就会贻误战机，造成不可弥补的损失。新的工作要求我去学习新的本领。

——夏北浩同志谈检查维护飞机，
《航空杂志》，1964年第九期

机务人员维护飞机的场景

机务人员维护飞机

一系列的事实教育了我，使我牢牢地记住了毛主席说过的这样一句话：“我们要承认困难，分析困难，向困难作斗争。世界上没有直路，要准备走曲折的路，不要贪便宜。”我深深地体会到，只要不怕苦，不怕难，虚心学习，以“愚公移山”的精神迎着困难前进，就一定能做好工作。

——夏北浩同志谈检查维护飞机，《航空杂志》，1964 年第九期

部队组织夜航训练科目

夏北浩在检查飞机

许许多多事实教育了我，使我深深地认识到："认真"二字，不可一时有，一时无。不论在什么情况下，都要带着"故障、外来物、缺陷、锈蚀油垢"的"敌情"检查飞机。发现有疑点，要追根求源，就是大家都感到没有问题时，也不能麻痹大意，而且越感到没有问题，就越要认真。

——夏北浩同志谈检查维护飞机，
《航空杂志》，1964 年第九期

机务部队天梯照片

机场上的飞机出动

当了机械师就要全面检查飞机。检查的规定很多，歼 –6 飞机光飞行前后、再次出动准备，条例里规定的检查内容就有 149 条、347 条，还有几十个数据。这些都是过去经验教训的总结，是做好飞机检查工作的依据。毛主席说：“科学是老老实实的学问，任何一点调皮都是不行的”。

——夏北浩同志谈检查维护飞机，《航空杂志》，1964 年第九期作为一个机械师，是飞机的主人，要为飞机的良好和安全负责到底，不但要把机械部门维护好，而且要关心、帮助、指导各专业部门在飞机上所进行的一切工作，才能使整个飞机维护好。因为飞机是个整体，哪一个专业部门的工作没有做好，飞机都不能完成任务。

——谈谈如何做好飞机维护工作，
夏北浩在遵化部队经验交流的讲话，1978 年 6 月 27 日

夏北浩在检查飞机

夏北浩在检查飞机

我自己过去有这样的体会，当碰了钉子的时候，最容易使人想问题。比如我第一次帮助飞行员开车没有成功，事后检查起来是在开车前想上级的指示要求不够，在工作中想开车的手续不够。从此以后，我每次工作前都想一想上级的指示和要求，工作中想一想如何保证质量，工作后想一想还有什么遗漏。有了这“三想”，工作中出漏洞就少了。

——夏北浩同志谈检查维护飞机，
《航空杂志》，1964 年第九期

夏北浩学习《毛泽东选集》（前排中）

因为飞机很复杂，机件设备很多，每次检查的内容也很多，瞟一眼看一片，是发现不了问题的。我的体会是：要使故障、外来物、缺陷、锈蚀油垢不漏网，必须是上上下下，里里外外，确确实实做到：该看的看到，该摸的摸到，该听的听到，该嗅的嗅到。

——夏北浩同志谈检查维护飞机，《航空杂志》，1964 年第九期

夏北浩对新战士、新机械师传帮带（右 1）

空二团机务大队大队长夏北浩

有一次我帮助1190号机组工作，发现燃料泵胶管有些渗油，这架飞机的机械师看了看说，导管是好的，是空气里的水分凝结在上面，擦干净就行。我有些不放心，打开油泵做试验，摸一摸，嗅一嗅，肯定是油不是水，但机械师还说不是。我又擦了嗅，嗅了擦，经过仔细检查，终于找出是卡子松动造成的渗油。

——夏北浩同志谈检查维护飞机，《航空杂志》，1964年第九期

去年2月6日，我看到别的飞机都拆下座舱密封冷气瓶送厂检查，就想：飞机是同一批出厂的，为什么我的飞机履历本上写着3月到期呢？为了弄清问题，我到飞机上查看实物，原来冷气瓶是1月份到期，已经过期了6天。这件事教育了我，技术文件上的记载，必须和实物对照才行。

——夏北浩同志谈检查维护飞机，《航空杂志》，1964年第九期

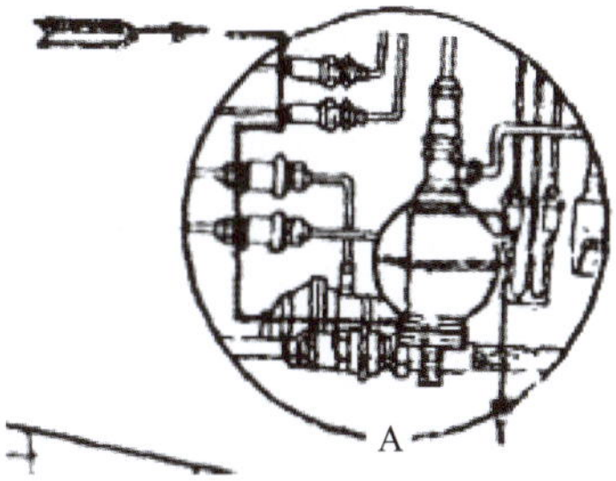

歼-6飞机冷气瓶

有一次帮助26号机组检查压缩机叶片，我脱下皮工作服，钻进进气道内，仔细检查后，没有发现问题。当退出进气道附带检查蒙皮时，发现有些异样，我就想起了领导传达通报时说过的油箱增压过大造成进气道变形的事例，当时因为缺乏经验，做不出结论。这时我已经进去20多分钟了，浑身冻得发抖，但是，既然有怀疑，就应该弄个水落石出。于是我出来跑了几圈，身体暖和了一些，又爬进28号飞机的进气道查看。经过比较，肯定了26号飞机进气道蒙皮已经变形。后来拆下油箱一看，发现内蒙皮严重变形，有一条五尺多长的桁条已经弯曲，10多颗铆钉都露出头来了。

——夏北浩同志谈检查维护飞机，《航空杂志》，1964年第九期

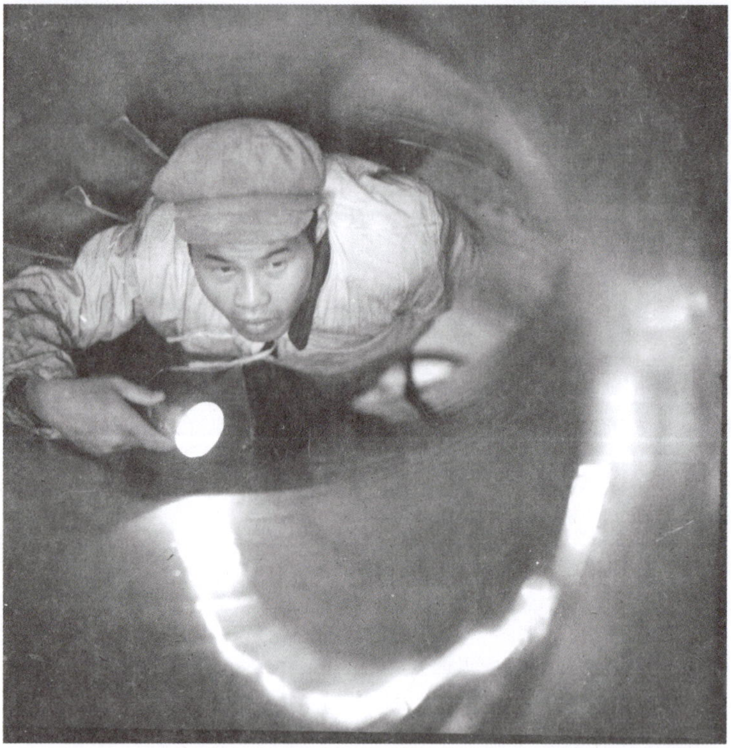

夏北浩在检查飞机

为了保证安全，他一点也不怕麻烦。有一次，他负责抽副油箱的油，还需要在副油箱里留一小部分，留的油一定要合乎规定数量。他便一次一次地量。有人叫他一面抽油一面打开电门看油量表。这样比较省事，可这样做违反了抽油不能同时通电的规定。夏北浩当即表示：我们不能为了图省事而违反规定。他还是不怕麻烦地一次一次地进行测量。

——一片赤心为飞行：

记三七九二部队机务一大队一中队机械师夏北浩，《空军报》，1963 年 10 月 16 日

部队到南方执行任务，在炎热的夏天，飞机着陆时把跑道上晒化的沥青油溅到了机身上。他为了擦掉这些黑油，常常一连在烈日下工作好几个钟头，当别人去找他吃午饭时，他说：“看到飞机上沾了这么多沥青，就像我自己身上生了疮一样，不擦干净心里真觉得不舒服。”

——把一切献给保卫祖国的光荣事业：

记超期服役的老战士、机械员夏北浩，《空军报》，1962 年

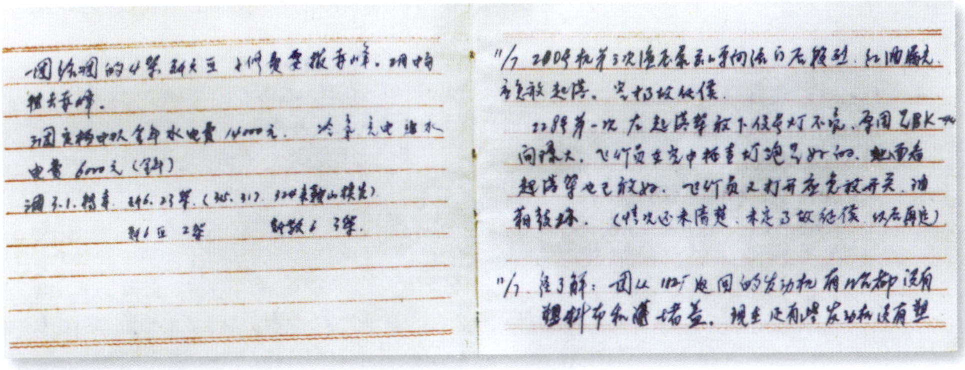

夏北浩的工作日志

为了认真贯彻条例，养成良好的维护作风，我给自己提出了6条要求：夜间工作不受影响，晚上看电影收班晚不受影响，星期六下午工作不受影响，飞行员有没有反映不受影响，起落飞得多或少不受影响，快要做或刚做过定期工作不受影响。越是在这些情况下，越要把飞机检查好才收班。

——夏北浩同志谈检查维护飞机，《航空杂志》，1964年第九期

不管是一般气候条件还是热天、冷天，不管飞机有故障还是没有故障，不管飞行结束得早还是晚，不管领导在场还是不在场，都一样地按照条例的要求，认真地检查飞机，直到工作结束为止。

——夏北浩同志谈检查维护飞机，《航空杂志》，1964年第九期

夏北浩
在61团传授经验（左2）

夏北浩
在61团传授经验（后排右1）

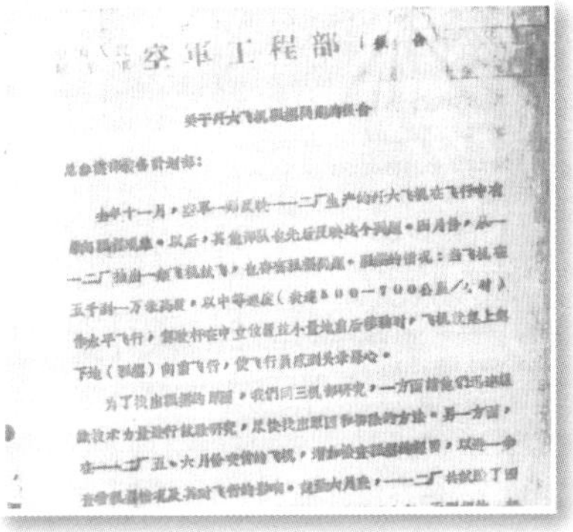

空軍工程部

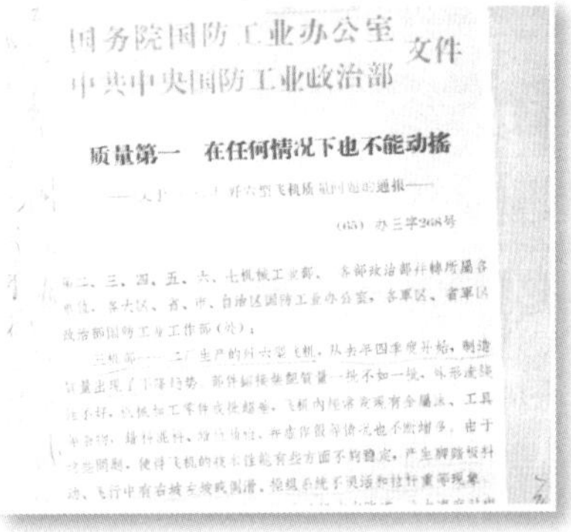

国务院国防工业办公室
中共中央国防工业政治部
文件

质量第一　在任何情况下也不能动摇

(65) 办三字268号

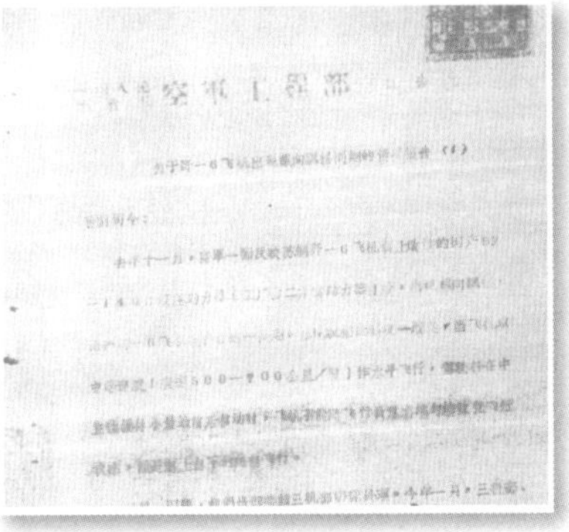

空軍工程部

歼 -6 飞机故障通报

在机务维护工作中，认真落实上级的通报、指示要求，对于我们搞好机务维护工作，保证飞行安全是一项很重要的内容。特别是在当前，在航空产品质量存在一定问题的时候，尤其重要。

上级发的通报、指示，是领导机关根据各方面的实际情况和发生的问题，所采取的措施，是为了避免问题的重复发生，这是上级机关“向人民负责”的表现。所以，我们也要以“向人民负责”的态度，积极、认真落实这些措施，不能消极，更不能埋怨。在机务维护工作中，许多同志认真落实上级的通报、指示、要求，及时发现了问题，保证了安全和国家财产不受损失。

——谈谈如何做好飞机维护工作，

夏北浩在遵化部队经验交流的讲话，

1978 年 6 月 27 日

歼 -6 飞机积压在厂房

夏北浩带教新机械师（右 1）

如前几年上级根据工厂的某些歼 -6 飞机涡喷 -6 发动机存在产品质量问题和部队发生的事故，规定对某些发动机飞行后都要钻进气道检查进气装置、十字架有无裂纹。

在座的同志都知道，钻进气道确实不是那么好受的，我钻进气道的次数也很多，我个子小，爬进气道容易些，但也不是好受的。任何爬过进气道的同志都会有感受，所以这个通报规定，对外场维护工作带来很大麻烦，特别是对机组工作增加了一定的困难。但是，大家经过学习和领导的教育，认识到执行上级指示对保证安全的重要意义，认真执行了这个通报指示，及时地发现了几架飞机的十字架裂纹，排除了故障，避免了问题的发生。近来，这批发动机的故障已排除完，不存在了，但产品质量仍存在一定的问题，同志们根据以往通报的精神，经常地，认真地进行检查。

——谈谈如何做好飞机维护工作，在遵化部队经验交流的讲话，1978 年 6 月 27 日机械师夏北浩先后维护过12架飞机，他把自己的全部心血都贯注在机务维护工作上，对党的事业具有高度责任心。经他维护过的飞机，从来没影响过飞行，年年月月都达到“四无”（无故障、无外来物、无缺陷、无锈蚀油垢）标准。飞行员们称赞说：“夏机械师维护的飞机看着舒心，用着顺心，飞着放心。”他的事迹已经流传到整个空军部队，成为空军机务人员学习的一个榜样。

——一颗红心为飞行：记空军机务维护工作标兵夏北浩，《解放军报》，1964年9月4日

夏北浩在检查飞机

夏北浩在机场与飞行员交流（右2）

夏北浩经常深入现场，向飞行员了解飞机飞行情况（左 1）

夏北浩认真负责、一丝不苟的精神，在这个部队中广为流传着。

工程部长张启学说："我曾多次暗地观察夏北浩检查飞机，他是领导在场和不在场一个样。"

机务人员说："夏北浩检查飞机，冬天冷到零下三四十度，照样取下手套到处摸，脱下皮工作服爬进气道；夏天飞机落地后，发动机烫得不敢挨手，他还是照常认真检查。他干工作总是冷天、热天和一般气候条件下一个样。"

政治干部说："夏北浩在发现故障时，计划排除，有条不紊；没有故障时也带着'敌情'去检查，掌握渐变防突变。他对工作认真细致，检查时飞机没有故障和有故障一个样。"

机组的同志说："夏北浩不论飞行结束得多晚，一定坚持把规定检查的内容检查完才离开机场，从不粗心马虎。他是飞行结束的晚和结束的早一个样。"

——一颗红心为飞行：
记空军机务维护工作标兵夏北浩，《解放军报》，1964 年 9 月 4 日我从 1957 年入伍以来，一直搞机务维护工作。1970 年，由于革命工作的需要，走上了副团长的领导岗位，职务变了，我感到担子重了，压力很大。可是，一想到毛主席关于“什么叫工作，工作就是斗争”的教导，就感到，党和人民交给自己这副重担子，肯定是要承担的，问题是怎么担法。因此，我要求自己：职务变了，全心全意为人民服务的思想、继续革命的精神不能变；地位变了，艰苦奋斗的作风、普通一兵的本色不能变。

——艰苦奋斗 继续革命 努力战斗在机务工作第一线，夏北浩在唐山部队经验交流的讲话，1978 年 6 月 25 日

走上领导岗位的夏北浩不吃老本，针对新装备不断提高业务技术水平（右 1）

夏北浩是空军机务战线的一面旗帜，他创造的“三个负责”精神被喻为“机务保障之魂”。三中队所驻机场位于内蒙古自治区东部赤峰市喀喇沁旗境内，自然条件较为恶劣，是总部确定的边远艰苦地区。

1968 年飞行二大队、机务一中队进驻赤峰机场

陈家沟老营房

赤峰地区干燥寒冷风沙大，战士们形象地说，“机务累、赤峰苦，每天要吃二两土。”

我认为，苦累也好，疾病也好，家庭问题也好，解决起来，主要靠一个办法：艰苦奋斗。

——发扬艰苦奋斗精神　搞好机务部队建设，
夏北浩在 1978 年在空军学雷锋、学硬骨头六连、学航空兵 1 师先进代表大会上的发言

夏北浩当了副团长，仍然不脱工作服，保持着身不离机场、手不离工具、心不离飞机的老作风。他常年住在机务大队，和机务人员同吃、同住、同劳动。机务人员身上有多少油泥，他身上就有多少油泥；机务人员身上有多少汗水，他身上就有多少汗水。他说：“团党委分工我主管机务工作，我不能在办公室里蹲点，要在机场安家。”

——老标兵迈出了新步伐：
记航空兵一师某团副团长夏北浩同志，原载《空军报》，1978 年 4 月 27 日

夏北浩与机组共同研究故障（左 1）

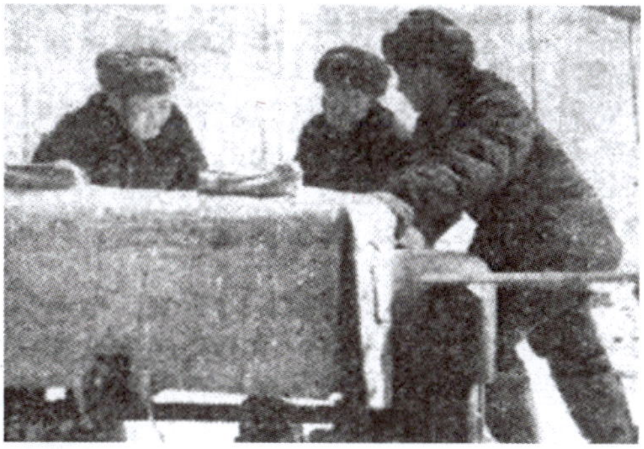

走上领导岗位的
夏北浩与战士一同工作（左 1）

1978 年 9 月 10 日，空军在北京召开“三学”先进代表大会

作为一个领导干部，只满足于亲自干还是远远不够的，还要搞好传帮带，培养好新一代。

……

我们老一些的同志，有责任把自己多年积累的经验传给他们，把机务工作的优良作风传给他们，使我们的机务工作队伍，一茬一茬地成长起来。

……

传帮带，应该传什么、帮什么、带什么呢？我觉得，先进的思想，好的作风，过硬的技术，科学的方法，几个方面都很需要。但是，这里有个重要问题，就是要继承和发扬机务工作的优良传统。

……

——发扬艰苦奋斗精神　搞好机务部队建设，

夏北浩在 1978 年在空军学雷锋、学硬骨头六连、学航空兵 1 师先进代表大会上的发言搞好传帮带，也有个方法问题。全团几百号人，怎么带法？我主要用三种办法。

一是抓时机。比如，新兵入伍的时候，提拔一批新的机械师的时候，师里每次举办教导队的时候，我都要给他们讲一讲，有时还要把他们带到机场，搞两个小时的示范操作，使他们能有一个好的开端，打下一个好的基础。

二是抓两头。一头抓好的，带出一个好典型，再用典型带动部队。另一头抓问题，对问题较多的机组，我就去蹲一段时间。

三是抓干部。抓干部的好处是，可以抓一个带一片，还能往下传、不断线。所以，我把对干部的传帮带作为重点，扎扎实实地、一个一个地抓。特别是对机械师这一级干部，注意加强培养，打好基础。

——发扬艰苦奋斗精神　搞好机务部队建设，

夏北浩在 1978 年在空军学雷锋、学硬骨头六连、学航空兵 1 师先进代表大会上的发言

夏北浩在空一师各个部队“传经”（左 2）

1978 年 9 月 10 日，空军在北京召开“三学”先进代表大会（第二排右 7）

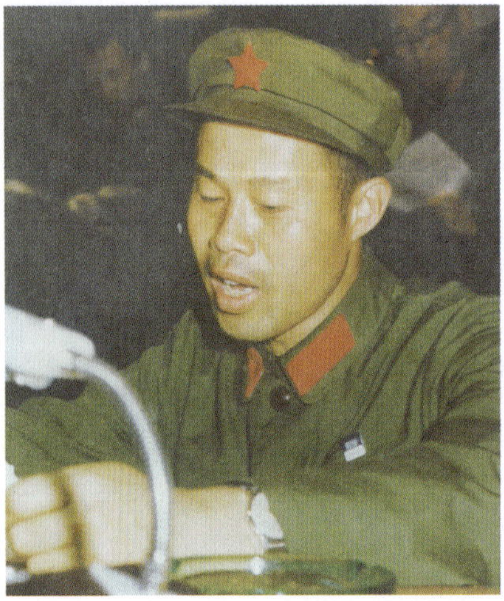

夏北浩在空军“三学”大会上作代表发言

我只要有机会，就要给部队讲讲传统，讲讲“三个负责、三想、四到、四个一样”等维护经验。并且告诉他们，这些并不是我的什么发明，而是多少年来我们机务工作的老同志用血汗换来的集体经验，应该继承和发扬光大。在平时工作中，我也注意言传身教，帮助大家把过去机务工作的好传统学过来。

——发扬艰苦奋斗精神 搞好机务部队建设，夏北浩在 1978 年在空军学雷锋、学硬骨头六连、学航空兵 1 师先进代表大会上的发言有一次，45 号飞机副翼间隙大，我示范打了左边的开口销，让机组的同志打右边的。他们一时打不上，又到了吃饭时间，就想用保险丝代替。我严肃批评了他们，并和他们一起把开口销打好，一直干到晚上八点多钟。我想，这些事情看起来不大，但一种好的传统、好的作风，只有通过一点一滴的具体工作，才能带起来、传下去。

——发扬艰苦奋斗精神 搞好机务部队建设，
夏北浩在 1978 年在空军学雷锋、学硬骨头六连、学航空兵 1 师先进代表大会上的发言

我担任副团长七年来，除了到团里及外出开会、学习，一直和机务大队的同志实行“五同”。我给自己定了规矩：凡是飞行日、机械日一定要参加；进场要早点，退场要晚点，绝不能在同志们工作艰苦时离开现场，特别是飞行后检查没有结束，我就不回去。有了故障需要连夜排除，我就跟班到底。

——艰苦奋斗　继续革命　努力战斗在机务工作第一线，
夏北浩在唐山部队经验交流的讲话，1978 年 6 月 25 日

夏北浩带教新同志（中）

我当机械师时，每当专业人员到座舱、发动机排除故障时，我都经常提醒和帮助他们垫好垫布，工具拴好绳子；他们工作遇到困难的时候，想办法帮助他们解决；当专业部门排除故障、更换机件需要加夜班时，我常常陪着他们，给他们打灯，帮他们做那些自己能做的工作；他们工作结束后，复查有无遗漏东西或工作中不小心无意损坏机件。

——谈谈如何做好飞机维护工作，
夏北浩在遵化部队经验交流的讲话，1978 年 6 月 27 日

夏北浩同志早在 1964 年，就成为练兵的先进代表，他熟记规程，滚瓜烂熟，对操作技能精益求精，勤学苦练，认真摸规律，总结出一套检查飞机的科学方法。他直接维护飞机时，从来没有因维护责任影响过飞行，他的飞机，月月被评为“四无”飞机。

——王寄洋在空军航空工程机务部队岗位
练兵中期检查考核小结的讲话，1978 年 6 月 10 日

夏北浩和机组人员一起清点工具（右 1）

在飞机维护工作中，搞好经常性的保养工作，是保持机件性能、延长机件寿命、预防故障的重要措施。但是在以往的维护工作中，往往没有被人们重视，认为清洁润滑等工作，可做可不做，做好做不好也不会危及安全、影响任务。因为这些不正确的认识，所以在维护工作中不重视它。从以往的经验教训来看，对飞机的清洁、润滑等保养工作做得不好，不是不危及安全，不影响任务。而是直接危及安全，影响训练任务的完成。

——谈谈如何做好飞机维护工作，
夏北浩在遵化部队经验交流的讲话，1978 年 6 月 27 日

一根毡毛进入发动机燃料系统，使发动机空中停车、造成严重事故。一点脏物进入液压系统，使液压泵打不上压力，造成应急放起落架，类似这样的事例很多。在座的许多同志，有的听说过，有的亲身经历过。清洗、润滑工作不注意，也一样会影响任务、危及安全。

——谈谈如何做好飞机维护工作，
夏北浩在遵化部队经验交流的讲话，1978 年 6 月 27 日

老同志传帮带新同志，传授维护技术，使“不含糊”机务作风代代相传

就我们团的例子来说吧，31 号机在一次飞行时，起落架收上的时间很长（一分半钟），原因就是收放动作筒下接点固定螺杆，长期不清洗润滑、螺杆干磨而造成的。又如 21 号机飞行员在空中推油门时越推越紧，着陆后用很大力气也难以推动油门，也是因为座舱内油门固定轴长期不注油润滑，造成干磨的结果。类似起落架锁钩不注意清洁润滑，使起落架不能正常上锁，放气带电门传动机构不注意清洗润滑，使喷口不能正常工作，等等，事例是很多的，它同样会影响任务的完成，也同样会危及安全，我们不能轻视它。

——谈谈如何做好飞机维护工作，
夏北浩在遵化部队经验交流的讲话，1978 年 6 月 27 日

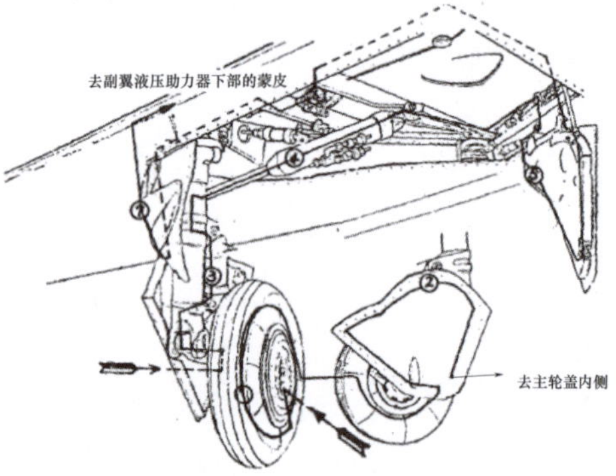

歼 -6 飞机右起落架

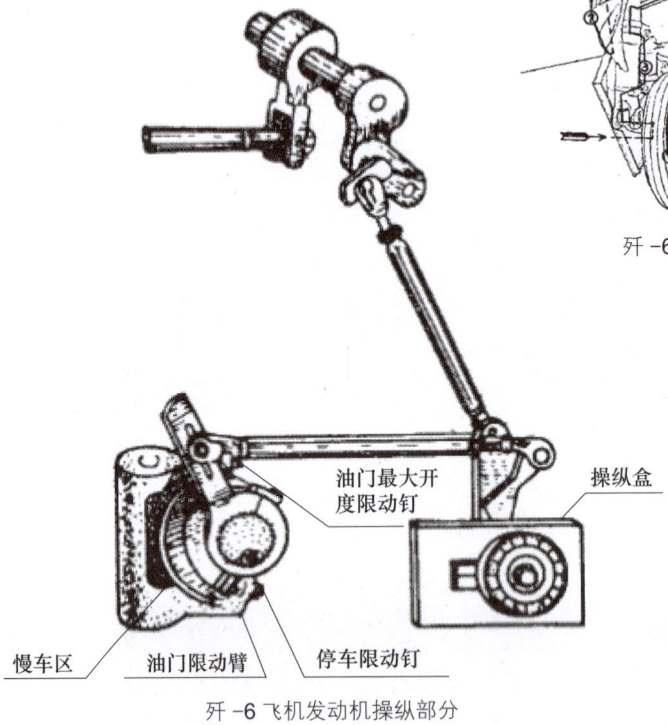

歼 -6 飞机发动机操纵部分

夏北浩在检查飞机

当了领导干部，怎么搞好思想革命化，搞好领导工作？中心的问题，是不要脱离群众，脱离实践。要解决这个问题，就只有到第一线去。所以，我经常提醒自己，一定不能老是蹲在机关，一定要经常到下面去，到现场去，扎扎实实做工作。

——发扬艰苦奋斗精神　搞好机务部队建设，
夏北浩在 1978 年在空军学雷锋、学硬骨头六连、学航空兵 1 师先进代表大会上的发言

为了把全团几十架飞机的状况掌握起来，我坚持做到“三勤”。首先是勤干，经常亲自检查飞机，只要有机会，我就跑到飞机上，一架一架地按照线路检查，摸清每架飞机的现状和特点；再就是勤记，把全团每架飞机的详细情况，基本数据，都记在自己的资料本上；另外是勤问，飞行时，就问问飞行员，飞机的工作情况怎么样，飞行前后和机械日，就问问机务人员，飞机出现些什么问题。这样时间一长，对全团的每一架飞机的状况，就做到胸中有数了。

——发扬艰苦奋斗精神　搞好机务部队建设，
夏北浩在 1978 年在空军学雷锋、学硬骨头六连、学航空兵 1 师先进代表大会上的发言

夏北浩身不离机场，心不离飞机，
一心扑在机务战线上（左3）

我们共产党员不是要做官，而是要革命，职务是革命的分工，无论职务高低，都是人民的勤务员，都是普通一兵。鲁迅有句名言，就是“俯首甘为孺子牛。”我觉得，自己只有当人民大众的老黄牛的义务，没有当官做老爷的权力。

“我感到要当个人民的勤务员，保持普通一兵的本色，就要从衣食住行上的小事做起。”

——艰苦奋斗　继续革命　努力战斗在机务工作第一线，夏北浩在唐山部队经验交流的讲话，1978年6月25日

副团长夏北浩处处以自己的模范行动影响着干部战士，他哪里有活哪里干，哪里关键哪里站。

夏北浩跟机组一同夜间加班排故（左2）

过硬技术

GUO YING JI SHU

夏北浩同志维护飞机的过硬本领是怎么得来的？是勤学苦练得来的。他就是利用一切可以利用的时机，甚至牺牲休息时间，熟记背诵飞机维护规程，达到对答如流、滚瓜烂熟的程度，对规程中的操作项目一个一个地进行苦练，同时认真钻研构造、原理，提高分析判断故障能力，积累经验，摸索规律，逐步总结出一套科学的维护飞机方法。他前两天在125号飞机上做示范检查，你们都看到了，没有苦练出来的过硬本领，能发现二十九个问题吗？我们学习夏北浩同志，搞岗位练兵，就要像他一样，勤学苦练，刻苦钻研技术业务。

——空军副司令员吴富善在空军航空工程机务部队岗位练兵中期检查考核总结时的讲话，1978年6月10日

机场上米格 -15 机群

我在航校，学的是米格 -15 比斯飞机，到部队先是维护歼 -5 型飞机，不到两个月就改装歼 -6 飞机。

——夏北浩同志谈检查维护飞机，《航空杂志》，1964 年第九期

米格 -15 飞机

米格 -15 飞机

歼 -6 飞机

这种飞机（歼 -6）比较复杂，开始时大家都缺乏经验，碰到了许多问题，在部队里一度流传着这样的话：“歼 -6 飞机有两大一高（速度大，振动大，发动机温度高），三个不能比（超声速飞机和亚声速飞机不能比，双发歼击机和单发歼击机不能比，带雷达的飞机和不带雷达的飞机不能比），出点问题是难免的，千次率高是必然现象。”我的底子原来就很薄，又没有参加歼 -6 飞机改装学习，就更加感到困难。

——夏北浩同志谈检查维护飞机，《航空杂志》，1964 年第九期

机场歼 -6 飞机出动

歼 -6 飞机

我学习了《愚公移山》这篇文章，受到了很大的鼓舞。心里想："愚公挖走了挡住他家出路的太行、王屋两座大山，中国人民挖掉了压在头上的帝国主义、封建主义两座大山，难道我就给眼前这一点点困难吓住不成！再说，飞机是死的，人是活的，只要人听党的话，飞机就一定能听人的话！"于是我就向中队里的老机械师、老机械员学习，在他们的热情帮助下，我慢慢地掌握了维护这种飞机的技术。

——夏北浩同志谈检查维护飞机，《航空杂志》，1964 年第九期

歼 -6 飞机

机械员夏北浩

那是两年前夏季的一天，全部队的技术“尖子”在机场上表演拆装刹车片，看谁的速度快、动作准。冠军比出来了，速度是一分五十秒。当时，机务大队长问在场的同志们，谁还能超过这个纪录？片刻肃静以后，人们都怂恿在一旁观摩的夏北浩说：“你去试试。”

夏北浩，矮矮的个子，黑红的脸膛，有些不好意思，但却被人们连拉带拖地把他推了出去。只见他右手拿起解刀，左手扶住刹车盘，挨个戳出弹簧卡，双手像采茶摘棉一般地抽掉弹簧片，十二个刹车片就像木盆取掉了铁箍，立时散了架子。一会儿又装好了。一共只用了一分二十秒。

——空军机务维护工作标兵：夏北浩，《空军报》，1964 年 9 月 8 日

歼 -6 飞机

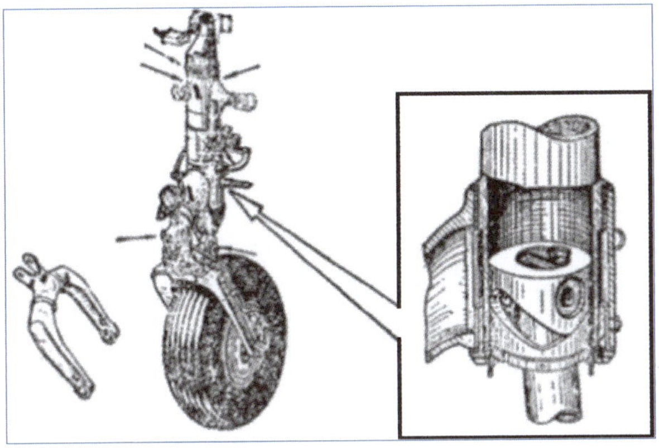

歼 -6 飞机前起落架容易断裂的部位

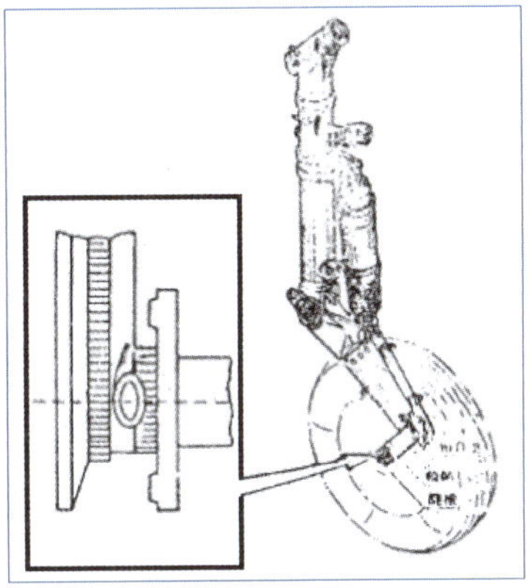

歼 -6 飞机主起落架容易断裂的部位

为了熟悉飞机情况，摸机件变化规律，我在等天气或工作结束后就围着飞机转一转，观察某些机件的变化情况；打开工作窗工作时，就注意观察内部机件的变化情况。这样时间长了，记得也熟了，机件一有些变化，我就能比较快地察觉出来。

——夏北浩同志谈检查维护飞机，《航空杂志》，1964 年第九期

夏北浩不仅熟悉机件外部的变化情况，并且还能从机件外部特征、性能和参数的变化，观察出机件内部突变的预兆，提前发现将要发生的问题。一次，一架飞机主液压系统压力上升较慢，每分钟 2900 转才达到最大压力。条例要求，在 2500 转就应当达到最大压力。他断定：油泵性能已起变化。拆开一看，果然一个机件已由圆形磨成了椭圆形，如不更换，将要发生严重问题。

——工程机务维护工作的重大革新，《空军报》，1964 年 9 月 8 日

有一次飞行后，分队长检查我们飞机，发现起落架三角包皮调整螺杆的保险螺帽似乎有些松动，因为螺杆上的红标记是对正的，很难肯定是不是松动，就问我，我看了后说："动了！这个螺杆的螺纹原来露出三扣半，现在只剩下二扣半，松了一扣。"分队长试验结果，螺纹正好是松动了一扣。

——夏北浩同志谈检查维护飞机，《航空杂志》，1964 年第九期

去年 10 月，我到独立中队交流经验时，发现 09 号飞机主液压油箱增压导管卡箍固定螺帽是六角形的。记得我飞机上的这个螺帽是四方形的，我想，这个螺帽应该是四方形，才能卡得住，一问他们，果然是临时配上去的。

——夏北浩同志谈检查维护飞机，《航空杂志》，1964 年第九期

夏北浩在空一师各个部队“传经”（中）

由于熟悉了飞机情况，所以有时帮助别的机组检查飞机，一有不正常现象，我就能很快发现。去年领导让我到独立中队 10 号机组去“办学”，我一上飞机，就发现防火开关支架上少了一颗螺钉。在不易看到又不易摸到的地方，查出这样一个问题，别人以为我有什么大本事。其实，我是看到二中队一架飞机上 4 个这样的螺钉掉了 3 个以后，才特别注意检查的，所以一下子就发现了。

——夏北浩同志谈检查维护飞机，《航空杂志》，1964 年第九期

空一师机组办学推广“夏北浩检查法”（左 2）

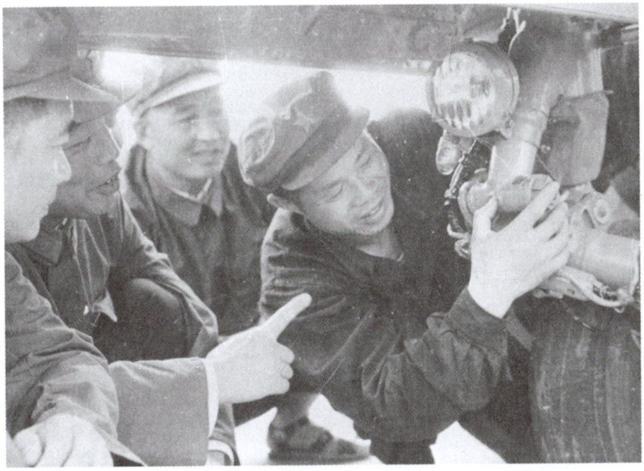

1978 年夏北浩给参会人员介绍维护经验（右 1）

1970 年冬天的一个飞行日，我在着陆线上听到一个飞行员反映，他飞的飞机起落架收得好像慢一点。我就找这架飞机的机械师一起检查，没有发现问题。我又和他一起做地面收放起落架试验，还没有发现问题。我不放心，又请示指挥员组织试飞，自己用望远镜观察，结果发现左起落架确实收得慢些。飞机落地后，我们反复检查，终于发现了故障原因是因为一个螺栓缺少润滑油，长期摩擦变形造成的。

——发扬艰苦奋斗精神 搞好机务部队建设，夏北浩在 1978 年在空军学雷锋、学硬骨头六连、学航空兵 1 师先进代表大会上的发言

夏北浩教育官兵把机务工作好传统继承下去（中）

在原空二团，每个机务战士的进步，都渗透着夏北浩的心血。他不光是嘴上讲，更重要的是蹲在机组里手把手教。

夏北浩帮助新战士排除故障疑点（右 1）

由于对飞机的状况，机件的构造，故障的规律了解得多了，分析和排除故障就比较准确、比较迅速了。

一次，46 号飞机机械师做飞行后检查时，在机身下部发现了一个螺杆。许多同志都在帮助查找脱落的部位，找了一天也没有找到。第二天下午脱尾部找，还是没有找到。找不到脱落的部位，飞机就不能参加飞行，大家都很着急。我知道后立即赶到现场，拿起螺杆仔细看了一会，告诉大家，这样长的螺杆一台发动机上只有两个，并很快发现这是左发内侧一个卡子上的固定螺杆。

再比如，在机身后部发现了半个固定卡子，飞机上各类卡子成百上千，这半个卡子是从哪里掉下来的呢？拿起卡子一看，我就大体做出了判断，较快地找到了掉卡子的部位。同志们问我有什么诀窍，其实，我就是那么几种笨办法，只要用心学习，别的同志都是可以做到的。

——发扬艰苦奋斗精神 搞好机务部队建设，夏北浩在 1978 年在空军学雷锋、学硬骨头六连、学航空兵 1 师先进代表大会上的发言学条例的目的是为了用。但有些检查项目由于物质条件的限制，不大好执行。像条例规定飞行后要测定涡轮惯性转动时间，有些人因为没有手表就不做了。我感到不按照条例做是不应该的，能不能采取数数的办法来计算时间呢？经过多次练习，1 分钟正好是数 125 个数。以后每次飞完最后一个起落，听到飞行员一关车，我就开始数数，数到涡轮停止转动为止，这样计算时间既准确、又省事。

——夏北浩同志谈检查维护飞机，《航空杂志》，1964 年第九期

夏北浩给战士讲机务工作光荣传统（中）

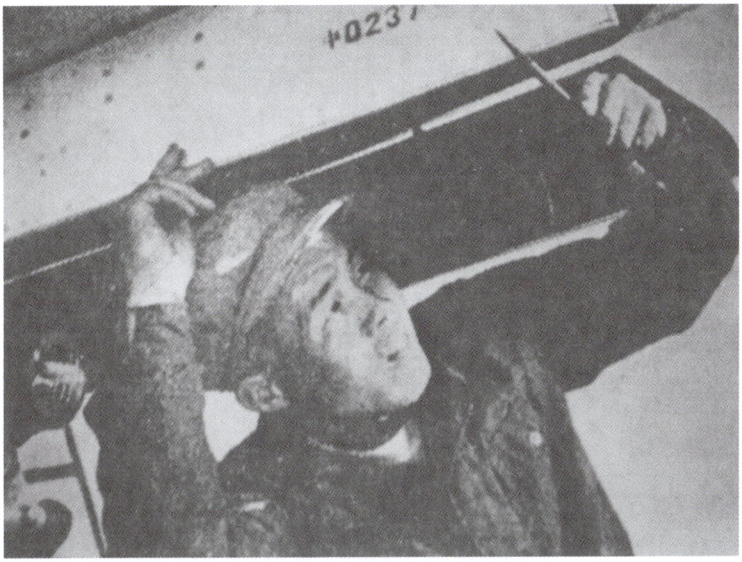

夏北浩用带有刻度的解刀检查飞机

条例规定要测量各种间隙有没有变化，但是，在实际工作中，机务人员往往只是凭感觉来判断，有些不好量的地方甚至就不量了。为了贯彻条例，及时掌握各种间隙的变化情况，我在解刀上刻上标准刻线，检查时用解刀代替量具，把解刀固定在一个位置来测量各种活动部位的间隙。这样做比较方便，可以根据条例的规定，经常测量各种间隙，发现有可疑的地方，再找量具来测量一下，就可以解决一些问题。

——夏北浩同志谈检查维护飞机，《航空杂志》，1964 年第九期

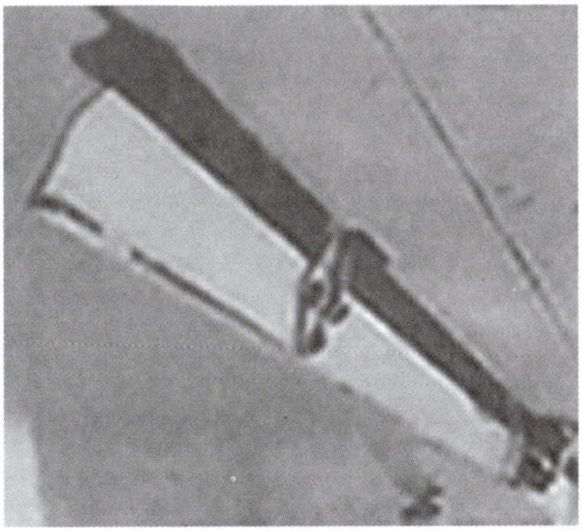

改装襟翼

在飞机的维护工作上，有许多现象是可以供我们分析故障，掌握机件变化的。因为飞机上的机件很多，每一个机件都有它的内在的变化规律，所以现象很多，但是最主要的，最常见的还是以下几种：一、机件工作的声音颜色是不是正常；二、机件工作后的形状有没有变化；三、机件有没有发生位移；四、性能参数有没有改变。

——谈谈如何做好飞机维护工作，

夏北浩在遵化部队经验交流的讲话，1978 年 6 月 27 日

夏北浩在各个部队“传经”（前排右 1）

现场会夏北浩传授经验（左 1）

在维护工作中掌握这些规律是为了便于我们通过现象和征兆发现故障的萌芽，加以预防，也便于我们发现故障加以排除，当我们发现故障的现象和征兆时，要认真追根求源，彻底排除。掌握机件的变化规律就是要我们在维护检查时做到："声音要听清，颜色要看清，性能参数要记清，形状不能变，位置不能移。"

——谈谈如何做好飞机维护工作，

夏北浩在遵化部队经验交流的讲话，1978 年 6 月 27 日

机件工作时受温、受压、转动、通过电流等等，有的机件的变化是通过颜色表现出来的。比如涡轮叶片、导向器叶片，它受高温后会变成炭黑色，如果发动机工作喷嘴雾化不好，如起动温度过高，通过涡轮叶片、导向叶片、喷管的颜色是可以看得出来的。

某年 39 号飞机飞行时右发两片导向器叶片已经烧断，二级涡轮叶片全部打坏。当时机械师很担心，以为是他起动超温所造成。我进入喷管检查时，发现两片导向器叶片烧断，周围几片呈炭黑色，而其他的导向器叶片颜色没有变，我根据这样的情况判断，不是起动超温所造成。经检查一个工作喷嘴头松动，是雾化不好所造成。

——谈谈如何做好飞机维护工作，

夏北浩在遵化部队经验交流的讲话，1978 年 6 月 27 日

比如前支柱万向接头螺杆有没有缺油、生锈来说吧，开始润滑不良时，在拉飞机、推飞机的时候，如果注意听，就会听到咔咔的轻微声音，这时如果不拆下清洗润滑，而继续硬用的话，时间长了在拉飞机时，在座舱里，牵引车上都会听到嘎嘎咔咔的摩擦声，这时如果还不清洗润滑，就会把螺杆磨损。

我们判断发动机的工作是否正常，有许多是可以通过声音来判断的，如发动机离合器好不好，起动时，一听就知道，如离合子弹力正常时，在起动按下按钮过程中，只能听到咔哒一声，如果离合子弹力变小时，就会听到咔哒哒两三声，这就是离合器打滑的声音，如果离合子弹力越来越小，打滑的声音就会越来越长。

——谈谈如何做好飞机维护工作，
夏北浩在遵化部队经验交流的讲话，1978 年 6 月 27 日

夏北浩带教（左 1）

搞好组织管理，才能消灭丢、错、漏、损，做好飞机的维护工作。特别是人为差错，对安全威胁很大。因为它不像机件的故障那样，还有个发展过程，有个征兆可寻，有个前后现象可供思索，人为差错会立刻威胁安全。因此在维护工作中要千方百计地消灭人为差错，才能确保飞行安全。在机务维护工作中，怎样去消灭人为差错呢？我认为需要做好以下几方面：（一）周密计划，周密分工；（二）互相复查互相提醒；（三）老老实实地按规定办事。

空军工程部组织学习推广
“夏北浩检查法”现场会上夏北浩做示范（前排左 1）

——谈谈如何做好飞机维护工作，夏北浩在遵化部队经验交流的讲话，1978 年 6 月 27 日

机务尖兵岗位练兵

我心里常这样想：如果每个问题都要在自己飞机上发生了以后，才接受教训，那不知要损坏多少机件，造成多大的损失！因此，我经常找别人问一问，吸取他们的经验教训，弥补自己的不足。我的学习方法大体有以下三种：

三七二一部队推广“夏北浩检查法”现场会

机场的歼-6飞机机群

一是上级讲评、传达通报时，我特别注意记经验教训，把它运用到自己的工作上去。有一次帮助 26 号机组检查压缩机叶片，我脱下皮工作服，钻进进气道内，仔细检查后，没有发现问题。当退出进气道附带检查蒙皮时，发现有些异样，我就想起了领导传达通报时说过的油箱增压过大造成进气道变形的事例，当时因为缺乏经验，做不出结论。这时我已经进去 20 多分钟了，浑身冻得发抖，但是，既然有怀疑，就应该弄个水落石出。于是我出来跑了几圈，身体暖和了一些，又爬进 28 号飞机的进气道查看。经过比较，肯定了 26 号飞机进气道蒙皮已经变形。后来拆下油箱一看，发现内蒙皮严重变形，有一条五尺多长的桁条已经弯曲，10 多颗铆钉都露出头来了。

夏北浩在各个部队“传经”（前排左 3）

二是送上门的经验抓住不放。去年师里组织“机组办学”，领导让有经验的刘文华机械师和我一起工作，我就向他学习怎样组织机组工作，怎样制定计划。和傅伯钧机械师一起工作时，我又向他学习记条例的方法。有时领导叫我到别的机组去帮助工作，每到一个机组，我就学习他们的长处，如七中队张景富机组团结得好，不管干什么工作，都互相提醒，有意见就互相提出来，我就学习他们这个“提醒和提出”的经验。

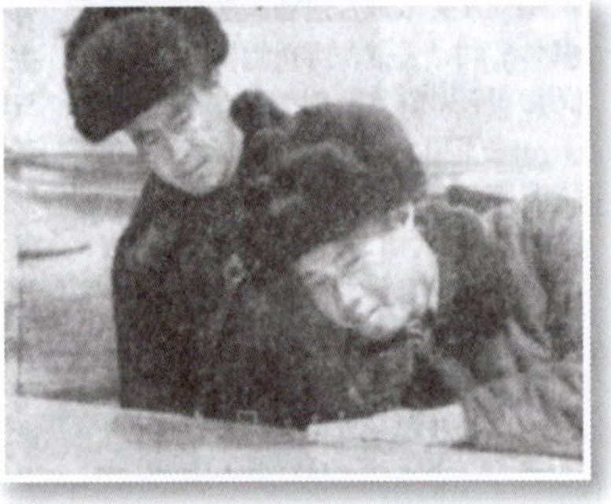

夏北浩和机械师刘文华（右 1）

夏北浩在 21 师“传经”（左 2）

曾经带教过夏北浩的机械师秦义昌

机务人员给飞行员讲解装备原理

三是登门拜访。谁是技术尖子，谁有什么长处，我就经常向他请教。别的飞机发生了故障、排除了故障或拆装更换机件，我也跑去问一问，看一看，弄清楚故障发生前有什么征候，飞行员有什么反映，故障发生的原因是什么，怎样排除的，拆装当中发生过什么问题和应该注意些什么，等等。特别是自己没有做过的工作，我就打破砂锅问到底。然后把他们的经验教训都记在小本子上，以便自己检查飞机排除故障时参考。如 1962 年冬天，25 号飞机拆离心活门，因为思想麻痹，认为“这么大的东西不会掉下去”，把垫好的擦布拿掉了，结果进油导管里的小油滤掉下去了，最后只得脱尾部。当时我也在机场工作，就去参加脱尾部。这一次不仅取得了教训，还增长了知识。

近几年来，我通过上面这些方法，在领导和同志们的指导帮助下，日积月累，共归纳出 133 条经验教训。这些经验教训，帮助我发现了不少问题，排除了不少故障。

——夏北浩同志谈检查维护飞机，《航空杂志》，1964 年第九期

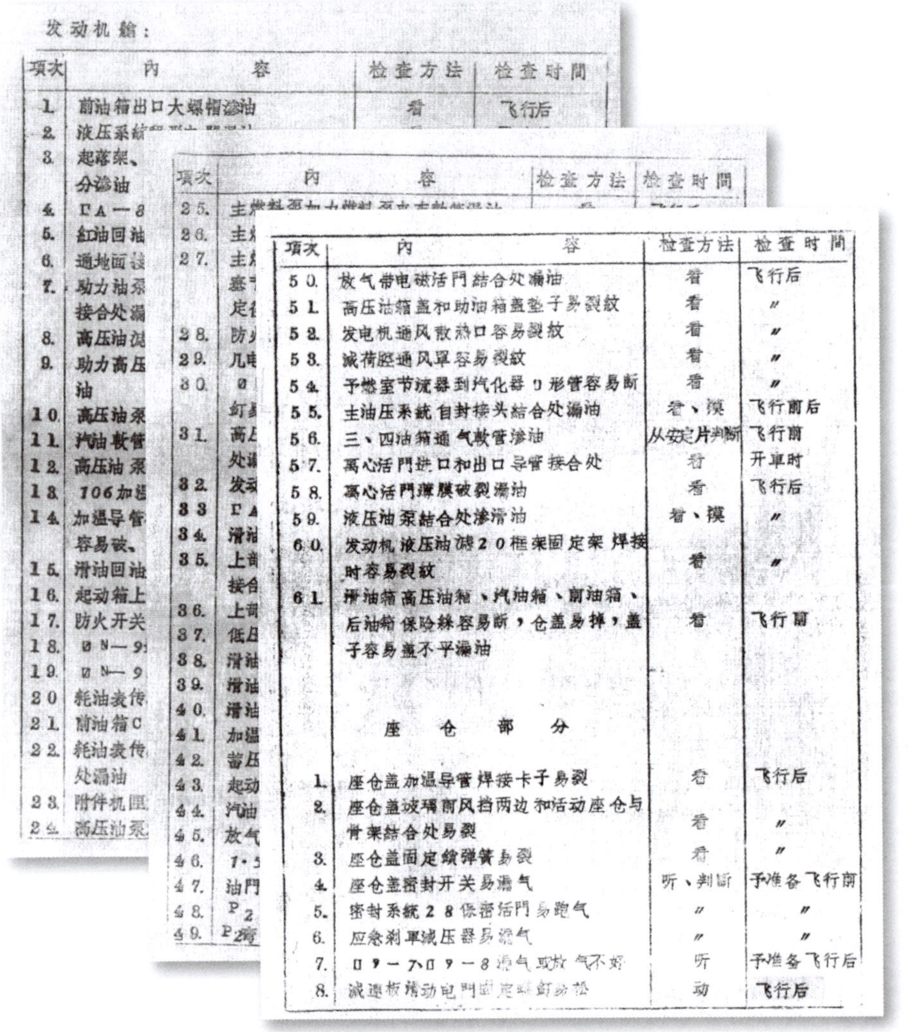

发动机舱：

项次	内容	检查方法	检查时間
1.	前油箱出口大螺帽渗油	看	飞行后

项次	内容	检查方法	检查时間
50.	放气带电磁活門結合处漏油	看	飞行后
51.	高压油箱盖和助油箱盖垫子易裂紋	看	〃
52.	发电机通风散热口容易裂紋	看	〃
53.	減荷腔通风罩容易裂紋	看	〃
54.	予燃室节流器到汽化器 U 形管容易断	看	〃
55.	主油压系統自封接头結合处漏油	看、摸	飞行前后
56.	三、四油箱通气軟管渗油	从安定片判断	飞行前
57.	离心活門进口和出口导管接合处	看	开車时
58.	离心活門薄膜破裂漏油	看	飞行后
59.	液压油泵結合处渗滑油	看、摸	〃
60.	发动机液压油滤20框架固定架焊接时容易裂紋	看	〃
61.	滑油箱高压油箱、汽油箱、前油箱、后油箱保险絲容易断，仓盖易掉，盖子容易盖不平漏油	看	飞行前
	座仓部分		
1.	座仓盖加温导管焊接卡子易裂	看	飞行后
2.	座仓盖玻璃前风挡两边和活动座仓与骨架結合处易裂	看	〃
3.	座仓盖固定鎖弹簧易裂	看	〃
4.	座仓盖密封开关易漏气	听、判断	予准备飞行前
5.	密封系統28條密活門易跑气	〃	〃
6.	应急刹車減压器易漏气	〃	〃
7.	Д9－7Д9－8漏气或放气不好	听	予准备飞行后
8.	減速板精动电門固定螺釘易松	动	飞行后

夏北浩总结的 133 条经验

科学方法

KE XUE FANG FA

当前正在空军全体工程机务人员中推广的“夏北浩检查法”，是一个多快好省的检查、维护飞机的方法。这个检查法，抓住了机务维护工作中的普遍规律和特点，把革命干劲和科学的工作精神很好地结合了起来，使复杂的维护工作条理化了，使机务维护工作有了统一的规格，统一的检查标准。这是工程机务工作中冒出来的一件新事物，它可以大大提高飞机维护质量，保证飞行安全，提高工作效率，成倍地缩短工作时间。

……

因而大力推广“夏北浩检查法”，不但将在物质方面带来显著的效果，而且会使机务人员的精神面貌发生巨大的变化，对空军工程机务工作建设有重大意义。

——大力推广“夏北浩检查法”改进机务维护作风提高飞机维护质量，曹里怀，《航空杂志》，1964 年第六期因为59式条例里规定的内容比较乱，既不集中，又没有小路线，如果按照条例等的顺序去检查的话，就会东一条、西一条，这样没有一个顺序，检查时容易漏掉内容。所以我想，如果把条例内容按照一定的顺序路线重新排列一下，检查就会方便了。因而在实际工作中不断摸索、修改，并按照路线顺序去检查，这样有一个顺序路线，就能把条例内容真正落实到飞机的检查上去，这样就不容易漏项，也容易发现问题。

——夏北浩在推广“夏北浩检查法”现场会议上的发言，1964年6月11日

航空机务条令、条例、规程（部分）

机务人员学习飞机维护规程

条例的内容很多，不好记，同时规定的条条和检查飞机的实际情况并不一样；按照条例的项目顺序检查飞机，就会东一条、西一条，来来回回跑，拖长检查时间，容易漏掉项目，有些问题就检查不出来。

我想，如果能把飞机上各个机件和设备的关联搞清楚，找出一种正确的有效的检查方法，既不漏项，又能及时发现问题，那该有多好啊！于是我就在工作中摸索试验，和有经验的机械师研究。

——夏北浩同志谈检查维护飞机，《航空杂志》，1964 年第九期

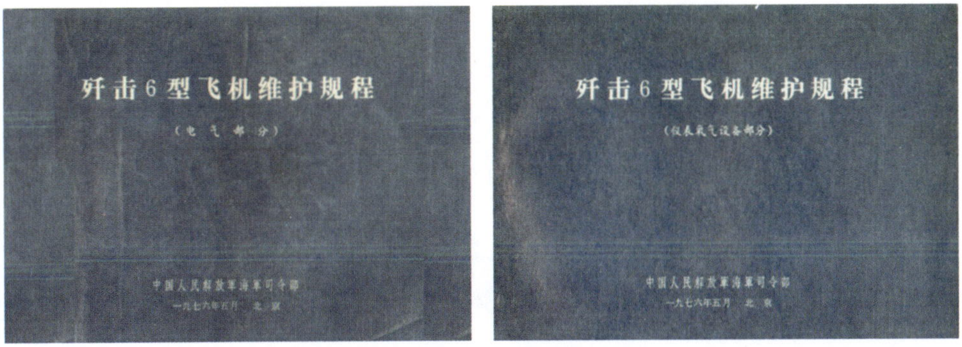

航空机务条令、条例、规程（部分）

开始时，我按照自己的习惯检查路线，把条例内容的次序作了调整，重新编了组，顺着实际检查路线来记和用条例，就感到比较得心应手。

——夏北浩同志谈检查维护飞机，《航空杂志》，1964 年第九期

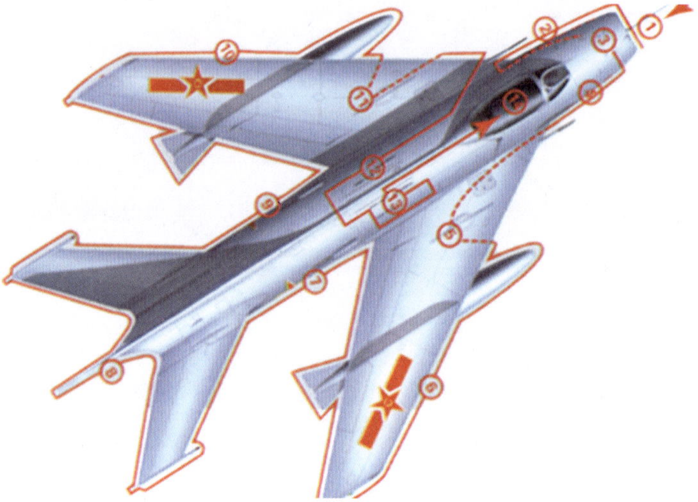

夏北浩检查歼 –6 飞机路线图

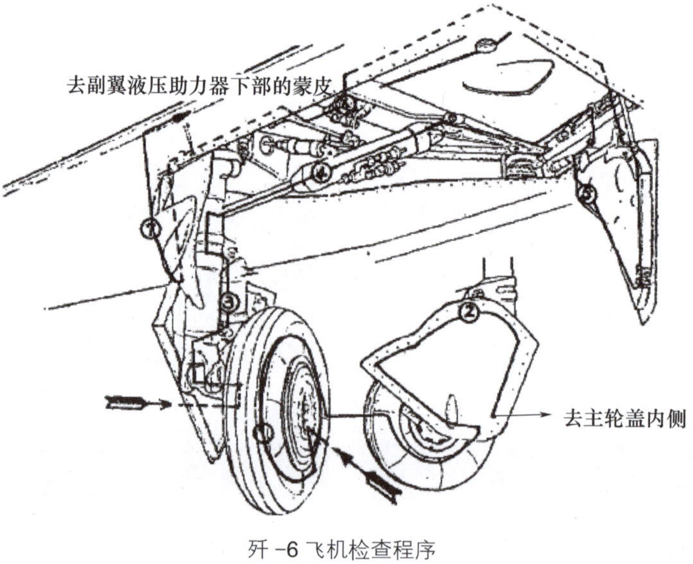

歼 –6 飞机检查程序

我们根据歼-6飞机的构造特点，把飞机分成机身前部、右机翼、机身后部、左机翼、左发动机舱、右发动机舱和座舱7个部位。每个部位又以安装机件最密、检查内容最多的地方为集中点，画出小路线，把所有机件都串联在路线上。

——夏北浩同志谈检查维护飞机，《航空杂志》，1964年第九期

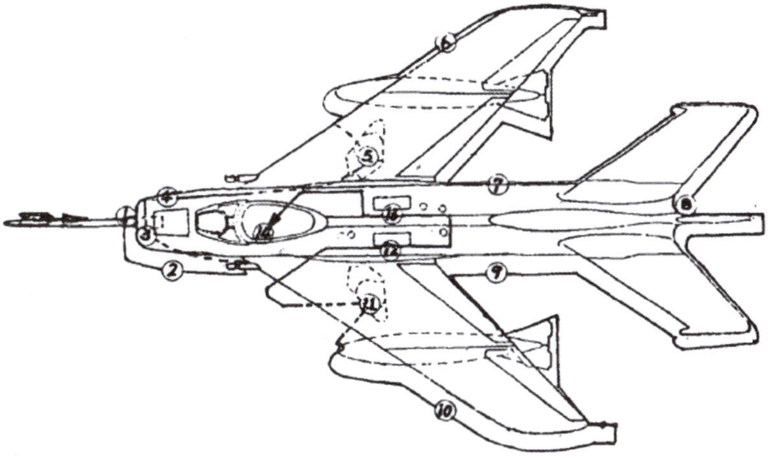

歼-6飞机检查路线

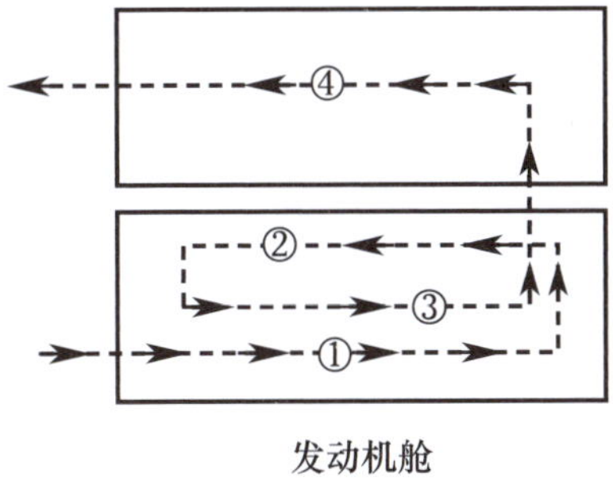

发动机机舱检查路线

比如，发动机舱内空间狭小，系统复杂，机件交叉重叠，过去检查时往往一看一大片，不知看什么机件好。现在我们按着液压系统附件和管路、操纵系统、发动机主体和附件、舱盖的顺序进行检查，形成了一条反“巨”字形的小路线，检查起来就方便多了。

——夏北浩同志谈检查维护飞机，《航空杂志》，1964年第九期

每个部位的小路线，都有它的检查起点和终点。前一部位的检查终点和后一部位的检查起点紧紧相连，像机身前部的检查终点，就紧靠着右机翼的检查起点，这样前后衔接，就串成了一条检查飞机的大路线。每个部位的小路线，又自成独立系统，与相邻部位的小路线界线分明，如检查翼根包皮螺钉的紧度，凡固定在机身上的属于机身部位的检查路线，固定在机翼上的属于机翼部位的检查路线。这样检查飞机可以一个部位一个部位地进行，便于机组分工，责任落实；便于逐个部位地苦练技术；在检查飞机过程中，也不会由于中途配合专业人员工作而漏检。

——夏北浩同志谈检查维护飞机，《航空杂志》，1964 年第九期

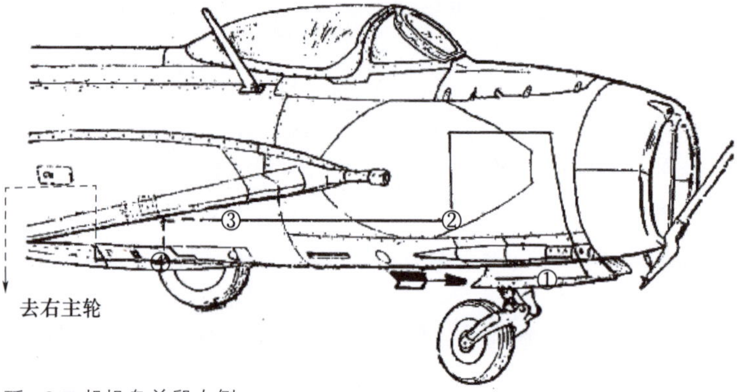

歼 -6 飞机机身前段右侧

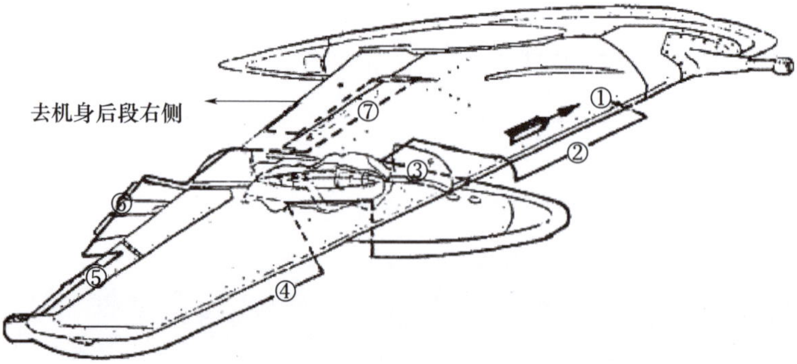

歼 -6 飞机右机翼

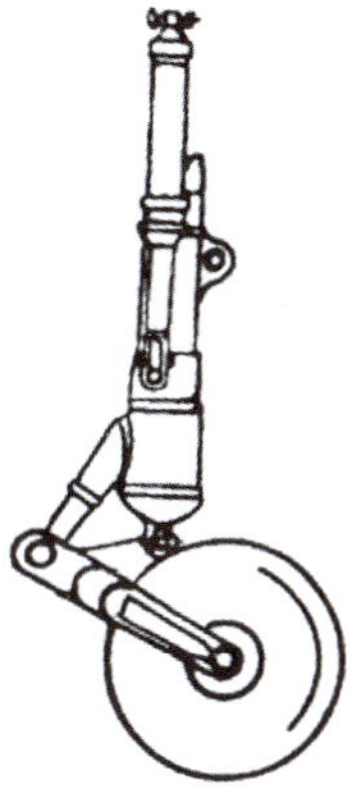

我们根据每个机件的构造特点和大家积累起来的经验，来安排它的检查程序。条例规定的检查项目，有些是直接看得见、摸得着的，我们就顺着检查路线来安排检查程序，并且用几个字、几句话来概括检查的方法和具体的动作。

——夏北浩同志谈检查维护飞机，
《航空杂志》，1964 年第九期

比如，检查前机轮，是按照“右边由里及外，一点五圈”“左边由外及里，五圈一点”的顺序进行的。左边第一圈检查轮胎表面有无露线、鼓泡、裂口，并根据轮胎压缩的程度，检查轮胎气压是否正常；第二圈检查有无错线；第三圈检查固定环的接耳有无裂纹，螺杆是否过紧过松；第四圈检查刹车钢套裂纹情况，刹车弹簧片是不是整齐；第五圈检查刹车盘的固定和保险；一点是检查机轮固定螺帽和惯性传感器的固定情况。

——夏北浩同志谈检查维护飞机，
《航空杂志》，1964 年第九期

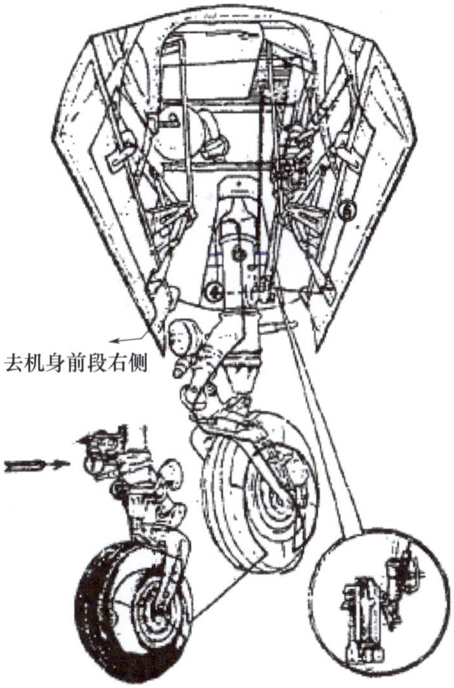

歼 -6 飞机起落架和前起落架舱检查路线

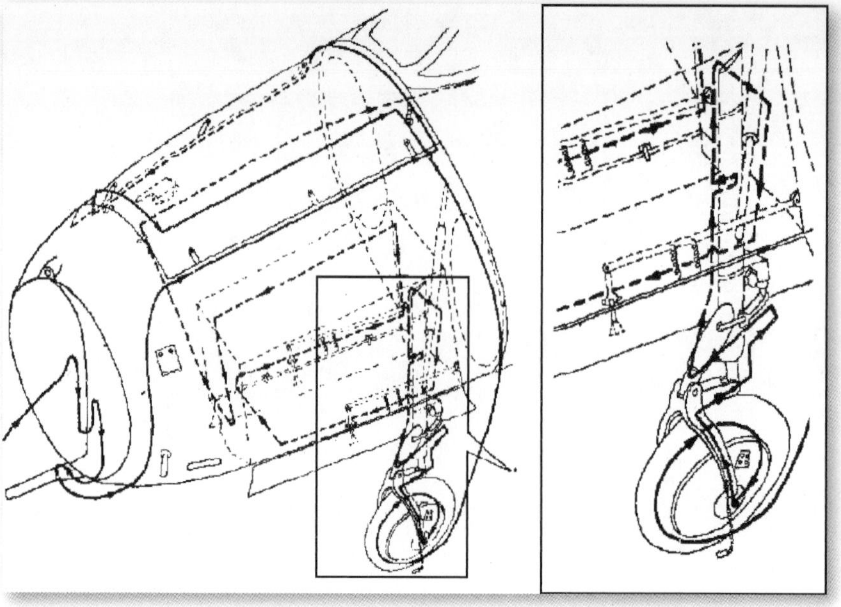

歼 -6 飞机前机轮检查程序

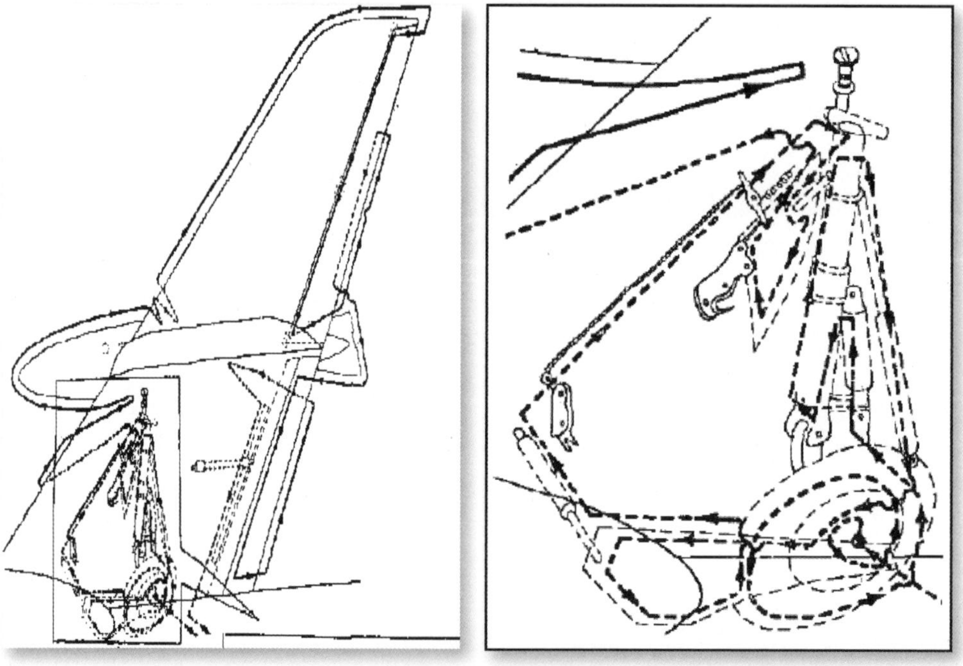

歼 -6 飞机主机轮检查程序

又如检查副翼的方法是“三点两面一呼扇”。即先检查副翼的 3 个固定点有无活动间隙和清洁润滑情况，再检查上下表面有无裂纹、变形，然后用手扇动副翼，查看灵活性和间隙，听听有没有撞击声。检查完后，顺手压下副翼，使阻流片伸出来，这样到襟翼下面检查阻流片时，就不用再返回来扳副翼了。

——夏北浩同志谈检查维护飞机，《航空杂志》，1964 年第九期

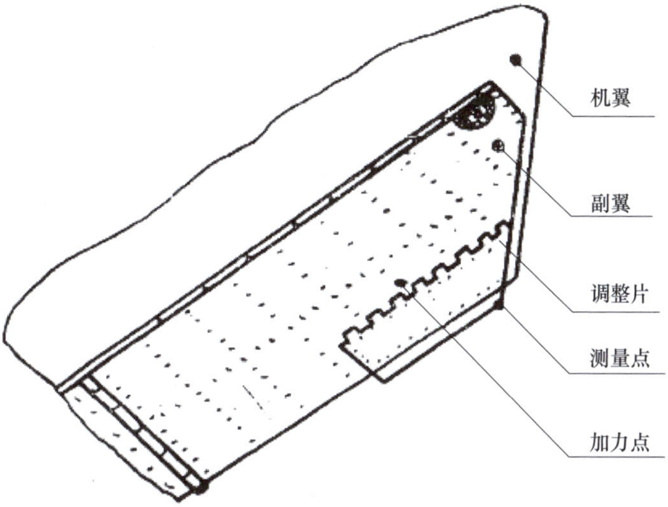

歼 -6 飞机机身前段右侧

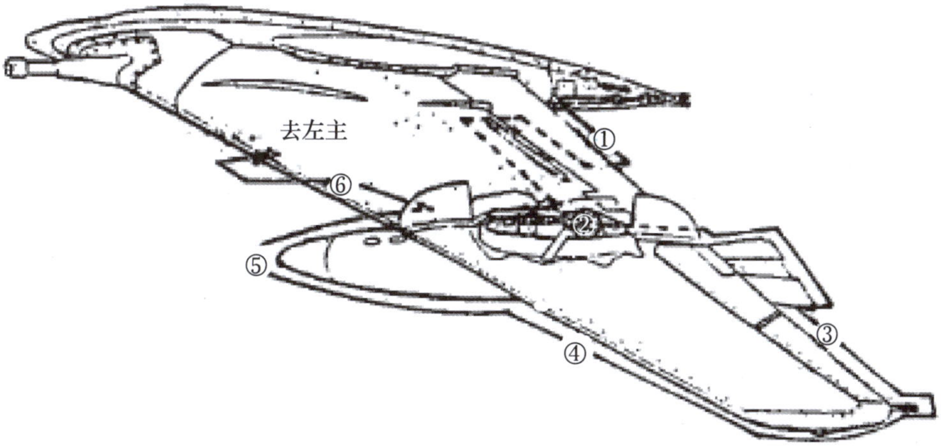

歼 -6 飞机右机翼

还有一些检查项目，不是直接看得见、摸得着的，必须通过测量试验，才能判明机件工作的好坏。对于这类机件，我们就从检查动作上来安排检查程序。

——夏北浩同志谈检查维护飞机，《航空杂志》，1964 年第九期

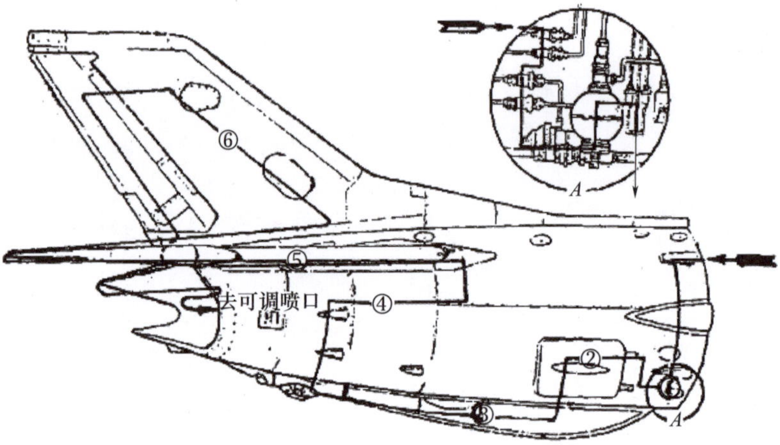

歼 -6 飞机后机身右侧

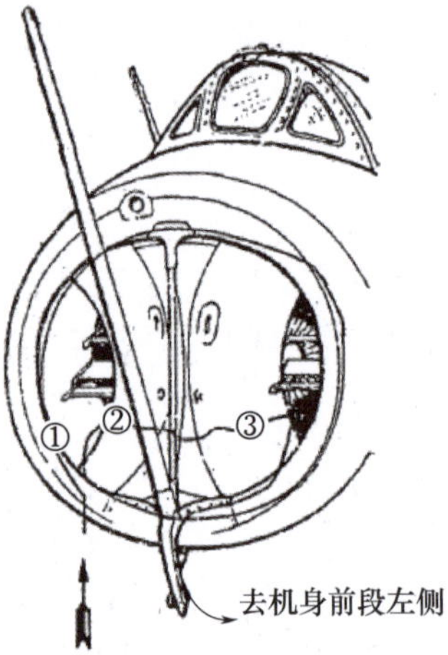

歼 -6 飞机进气道检查路线

检查刹车系统工作时，要判明轻刹、重刹、前轮刹车和系统附件工作情况，还要根据刹车放气时间判断机件内部有没有故障。过去，没有统一的检查方法，有的人往往要刹好几次车才能检查完，花的时间较长。我们经过研究，合理安排了检查动作的顺序：先用右手握刹车手柄轻刹车，接着转换到前轮刹车，再紧握手柄重刹到底，左右蹬舵检查刹车分配器的工作，松刹车手柄检查放气时间；再一次重刹到底，检查进气时间，然后放气，并左右蹬舵检查刹车分配器有无剩气。这样统一了方法，刹车两次就可以检查完，使用时间经济，冷气消耗少，又不会漏项。

——夏北浩同志谈检查维护飞机，
《航空杂志》，1964 年第九期

我们在实践中体会到，把条例的内容连成串，按着路线检查飞机，就如同“顺藤摸瓜”，不走重路，不跑空趟，既节省时间，又漏不了项。每个机件有了检查程序，在检查飞机时，就能做到“紧张而有秩序”，而且能发现问题。

——夏北浩同志谈检查维护飞机，《航空杂志》，1964 年第九期

又如检查油门手柄时，要检查制动器的工作，油门的灵活性，前后极限位置的间隙和钢珠卡锁的情况，我们把这些内容安排在一次推拉油门过程中检查完。

——夏北浩同志谈检查维护飞机，《航空杂志》，1964 年第九期

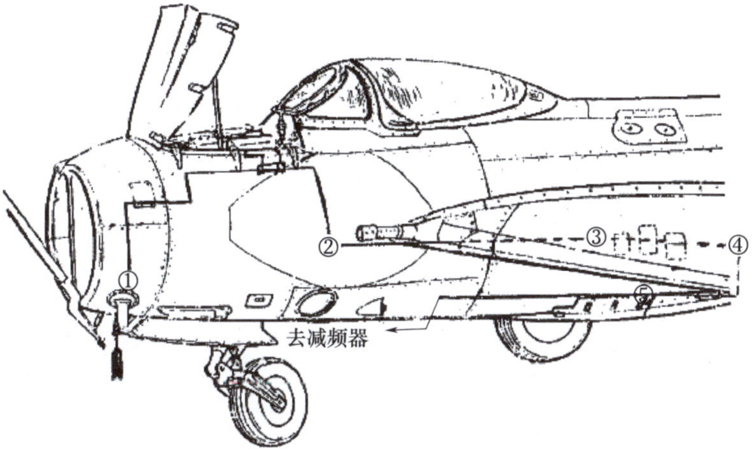

歼 –6 飞机机身前段左侧

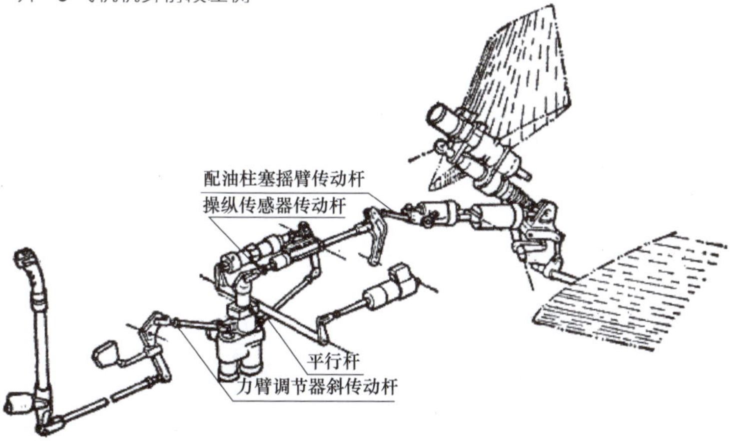

歼 –6 飞机水平尾翼操纵部分

夏北浩努力学习毛主席著作，革命事业心强，认真负责，有一手比较过硬的检查飞机的方法。部队党委发现了这个“苗子”，就积极进行培养，帮助他把过去的经验总结起来，从感性认识提高到理性认识。部队党委于去年4月决定由工程部长张启学到夏北浩机组跟班劳动，一方面亲自向夏北浩传授经验，一方面帮助夏北浩总结经验。后来又组织了五名技术“尖子”“会师”，让他们共同操练，相互观摩，取长补短。接着，又以“机组办学”的方式，让夏北浩到其他机组传授经验。在传经中，夏北浩向群众学习了不少先进经验，使自己的方法更趋于完善。

——“夏北浩检查法”的形成和基本特点，《空军报》，1964年9月12日

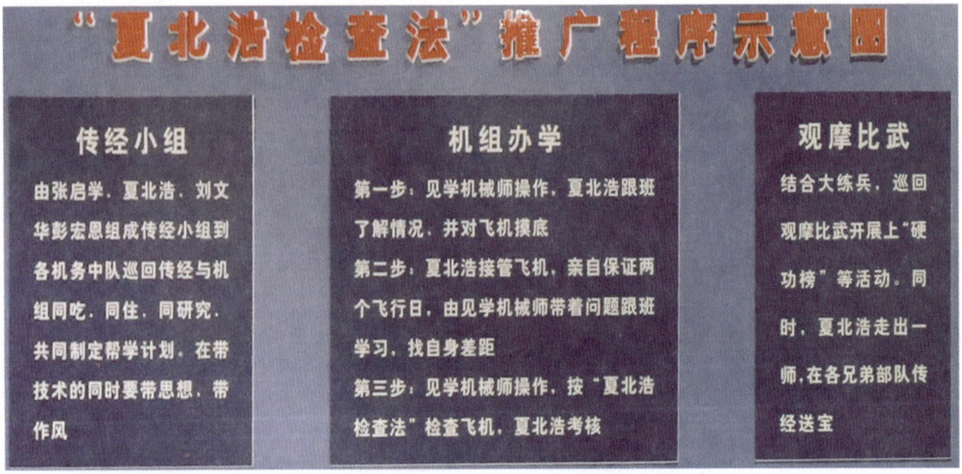

郭　壮

张启学

王清泉

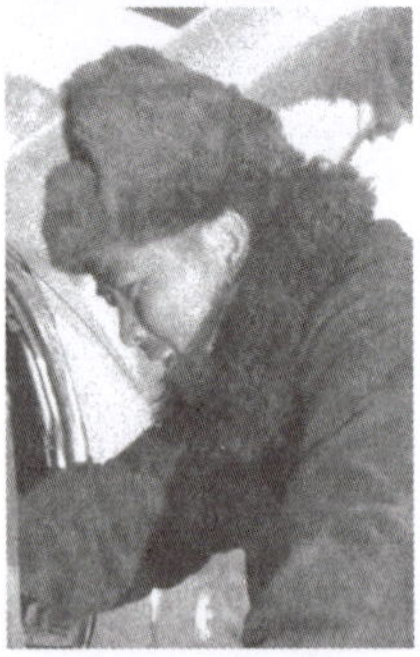
刘文华

“夏北浩检查法”推广程序和人员

夏北浩同志对党的事业忠心耿耿，认认真真，埋头苦干，六年如一日，一片赤心为飞行。他在党的培养教育和同志们的帮助下，废寝忘食地刻苦钻研技术，练出了一套检查飞机的过硬本领，积累了比较丰富的维护经验，创造了比较完善的检查方法——“夏北浩检查法”。

“夏北浩检查法”是在毛泽东思想的统帅下，坚持四个第一，开展四好运动，贯彻群众路线，认真负责，活学活用条例和规章制度的产物。它由检查路线、检查程序等内容组成，概括起来就是：

按照一条大路线，根据特点分七部；
每部摸出小路线，条例内容连成串。
数据规定记得牢，看摸听嗅四做到；
检查机件程序化，吸取经验再提高。

——夏北浩检查法介绍，沈阳军区空军工程部，1964年3月31日

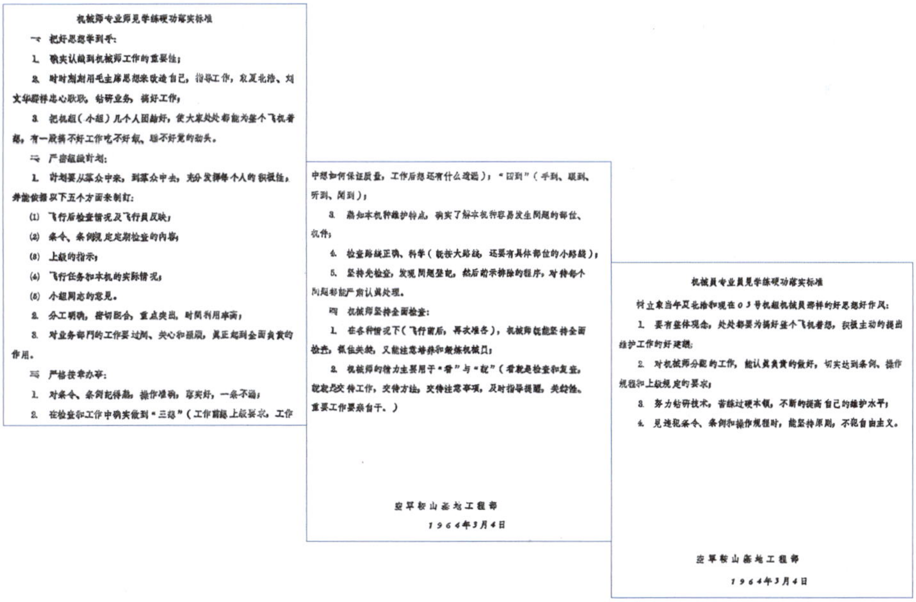

机械师专业师见学练硬功落实标准

一、把好思想学到手：

1. 确实认识到机械师工作的重要性；

2. 时时刻刻用毛主席思想来改造自己，指导工作，学夏北浩、刘文华那样忠心耿耿，钻研业务，搞好工作；

3. 把机组（小组）几个人团结好，使大家处处都能为整个飞机着想，有一股搞不好工作吃不好饭、睡不好觉的劲头。

二、严密组织计划：

1. 计划要从群众中来，到群众中去，充分发挥每个人的积极性，并能依据以下五个方面来制订：

(1) 飞行后检查情况及飞行员反映；

(2) 条令、条例规定定期检查的内容；

(3) 上级的指示；

(4) 飞行任务和本机的实际情况；

(5) 小组同志的意见。

2. 分工明确，密切配合，重点突出，时间利用率高；

3. 对业务部门的工作要过问、关心和照顾，真正起到全面负责的作用。

三、严格按章办事：

1. 对条令、条例記得熟，操作准确，落实好，一条不漏；

2. 在检查和工作中确实做到“三想”（工作前想上级要求，工作中想如何保证质量，工作后想还有什么遗漏）；“四到”（手到、眼到、听到、闻到）；

3. 熟知本机种维护特点，确实了解本机种容易发生问题的部位、机件；

4. 检查路线正确、科学（既按大路线，还要有具体部位的小路线）；

5. 坚持先检查，发现问题登记，然后請示排除的程序，对待每个问题都能严肃认真处理。

四、机械师坚持全面检查：

1. 在各种情况下（飞行前后，再次准备），机械师既能坚持全面检查，抓住关键，又能注意培养和锻炼机械员；

2. 机械师的精力主要用于“看”与“说”（看就是检查和复查，说就是交待工作，交待方法，交待注意事项，及时指导提醒，关键性、重要工作要亲自干。）

空军鞍山基地工程部

1964年3月4日

机械员专业员见学练硬功落实标准

树立象当年夏北浩和现在03号机组机械员那样的好思想好作风：

1. 要有整体观念，处处都要为搞好整个飞机着想，积极主动的提出维护工作的好建议；

2. 对机械师分配的工作，能认真负责的做好，切实达到条例、操作规程和上级规定的要求；

3. 努力钻研技术，苦练过硬本领，不断的提高自己的维护水平；

4. 见违犯条令、条例和操作规程时，能坚持原则，不犯自由主义。

空军鞍山基地工程部

1964年3月4日

机械师、员见学练硬功落实标准

六七十年代部队开展学习夏北浩活动

夏北浩以顽强的革命精神和严格的科学态度，经过多次反复试验，终于摸出了检查飞机路线化、机件检查程序化的一整套检查方法。经过领导机关补充、鉴定后，命名为“夏北浩检查法”。

群众赞扬“夏北浩检查法”说：“条例串成串，内容分七片，工作有程序，检查有路线，多快好省都占全。”在最近召开的空军机务领导干部现场会议上，推广了“夏北浩检查法”，获得大家一致的赞扬。

——一颗红心为飞行：记空军机务维护工作标兵夏北浩，《解放军报》，1964 年 9 月 4 日

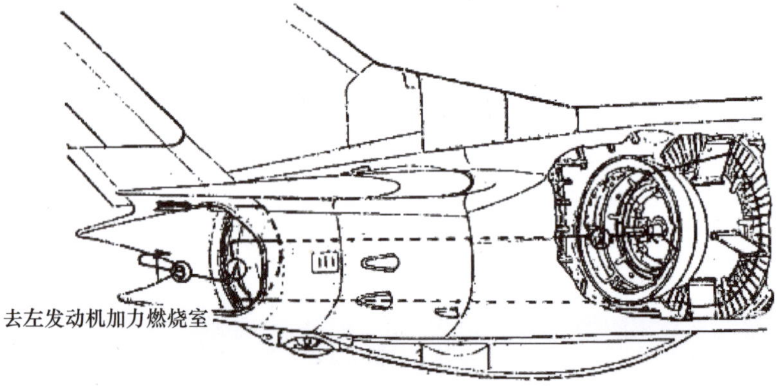

歼 -6 飞机加力燃烧室

推广“夏北浩检查法”以后，各方面的情况都证明：这个检查法是落实条例制度的好方法，是保证规定的检查内容一条不漏、保证故障缺陷及时被发现、保证工作质量和效率不断提高的好方法。

——关于夏北浩同志检查方法的产生和推广经过，沈空工程部航空兵一师鞍山基地，1964 年 3 月 31 日

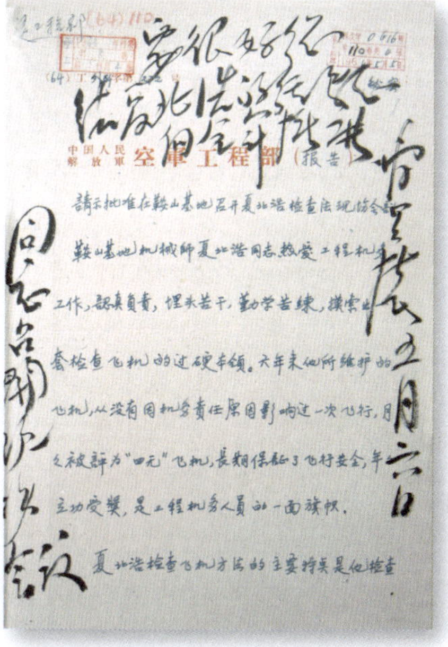
中国人民解放軍 空軍工程部（报告）

請示批准在鞍山基地召开夏北浩检查法现场会

鞍山基地机械師夏北浩同志热爱工程机务

工作，認真負責，埋头苦干，勤学苦练，摸索出

套检查飞机的过硬本領。六年来他所维护的

飞机，从没有因机务責任原因影响过一次飞行，月

久被評为“四无”飞机，長期保証了飞行安全，年

立功受奖，是工程机务人員的一面旗帜。

夏北浩检查飞机方法的主要特点是他检查

空军工程部关于学习推广“夏北浩检查法”的报告和曹里怀副司令员的批示

1970 年基层官兵学习夏北浩

广大工程机务人员越来越清楚地认识到“夏北浩检查法”就是活学活用毛主席著作，毛泽东思想来统率和指导工程机务工作。“夏北浩检查法”已经由歼-6飞机一个机种推广运用到二十一个机种，由机械专业推广到军械、特设和无线电专业，由维护中队推广到定检、修理中队、修理工厂和驻厂军代表。全军涌现了一批夏北浩式的先进人物和先进单位。

——空军进一步推广夏北浩检查法座谈会纪要，1965年11月10日

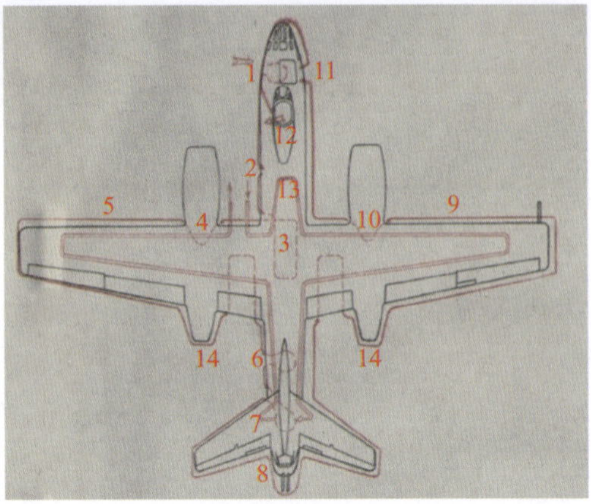

轰-5飞机检查路线图

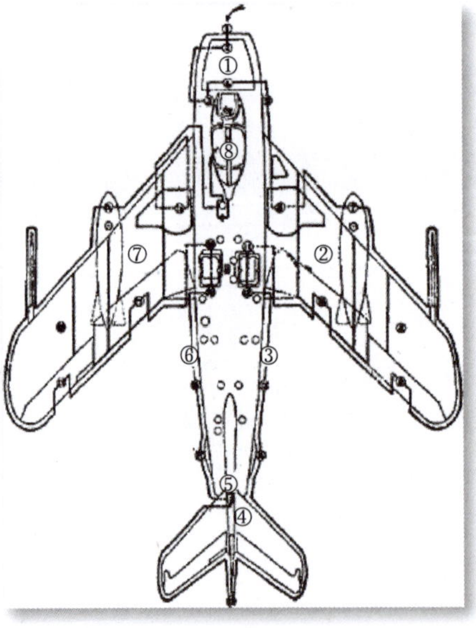

歼-5飞机检查路线图

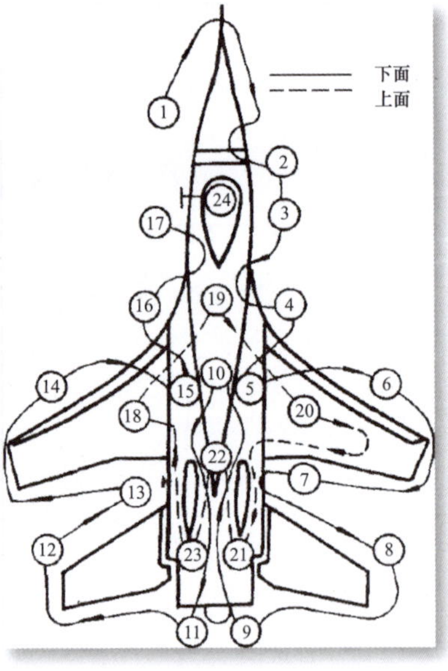

某型飞机检查路线图

某型强击机检查路线

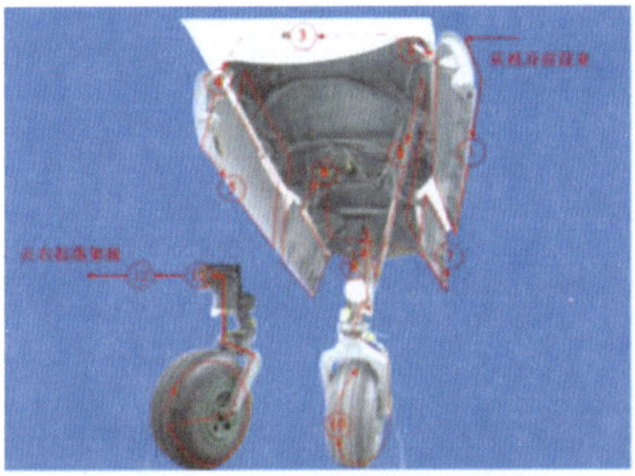

某型强击机前起落架检查路线

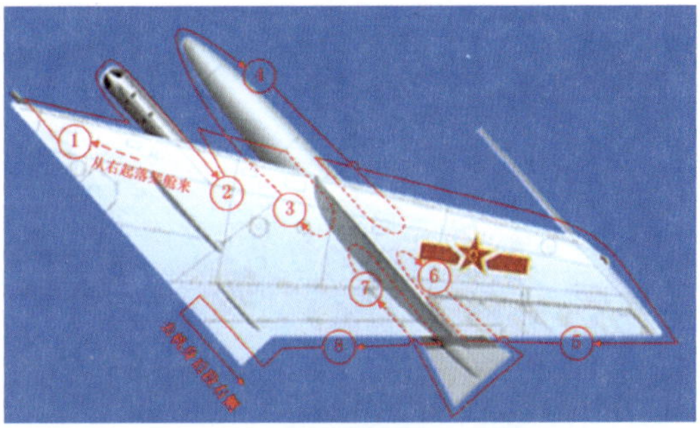

某型强击机右机翼检查路线

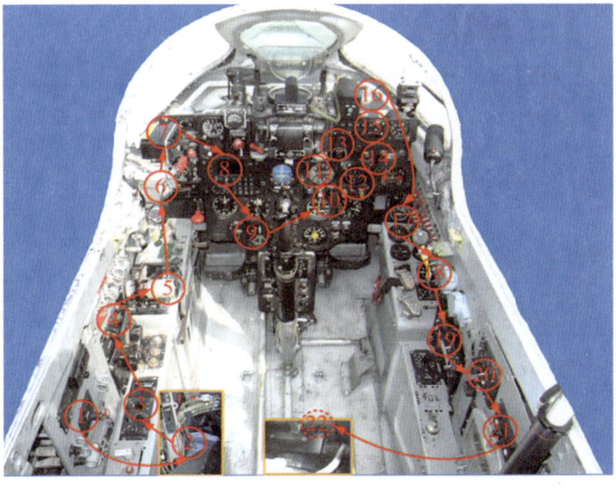

某型强击机电子专业座舱检查顺序图

民航 B-733 飞机
航线检查标准（机身）

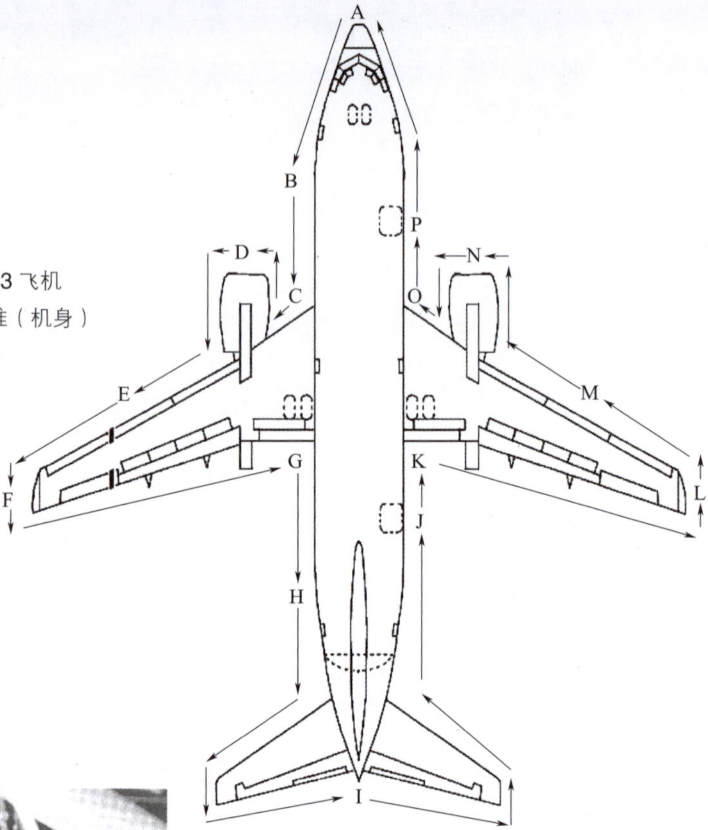

某直升机某部位检查路线和程序

某直升机某部位检查路线和程序

一年多来的实践充分证明，空军党委抓住夏北浩同志这样一个先进典型，抓住“夏北浩检查法”这样一个先进经验在全军推广，是完全抓对了。越来越多的事实证明，推广“夏北浩检查法”不仅有利于树立为飞行服务、一切为了战斗胜利的思想，而且有利于《航空工程机务条例》的落实，有利于把机务部队培养成为一支又红又专的部队。凡是认真学习和推广“夏北浩检查法”的单位，广大工程机务人员革命自觉性和工作积极性都有了提高，对机务工作更加热爱了，加速培养了机务人员的优良维护作风，促使机务保障工作更加条理化、程序化，提高了飞机的维修质量，出现了群众性的钻研业务、总结经验的风气。

——空军进一步推广夏北浩检查法座谈会纪要，1965 年 11 月 10 日

1996 年，优秀机务人员和先进机务工作单位代表组成的弘扬夏北浩精神宣讲团到空军航空兵部队和训练团作巡回报告

“夏北浩检查法”是夏北浩同志一颗红心为飞行的思想和科学的维护方法的经验结晶。实践证明，它是机务人员活学活用毛主席著作、用毛主席思想指导机务维护工作的产物，是从根本上提高维护质量、保证飞行安全的有效措施。经过几年来的传播介绍，这个先进经验已推广到航空部队和学校的各机种、各专业，而且经过广大机务人员的实践，有了新的发展。

……

各级工程机务部门和领导干部，应向全体机务人员讲清改名的原因，并继续大力宣扬、学习和推广夏北浩同志的先进经验，特别是学他一颗红心为飞行的思想和“三个负责”的精神，一丝不苟的优良维护作风。有了这种思想和作风就可以变成巨大的物质力量，就可以创造出更多更好的先进经验，飞行任务和安全就有了更可靠的保证。

——关于夏北浩检查法改名的问题，空军工程部（通知），1966 年 3 月 7 日

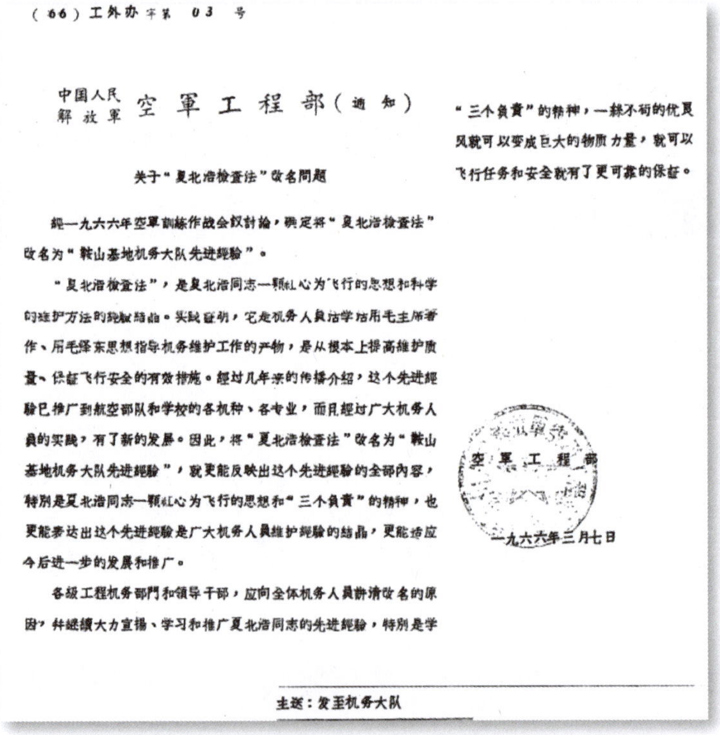
（66）工外办字第 03 号

中国人民解放军 空軍工程部（通知）

关于“夏北浩检查法”改名問題

經一九六六年空軍訓練作战会議討論，确定将“夏北浩檢查法”改名为“鞍山基地机务大队先进經驗”。

“夏北浩檢查法”，是夏北浩同志一顆紅心为飞行的思想和科学的維护方法的經驗結晶。实践証明，它是机务人員活学活用毛主席著作、用毛泽东思想指导机务維护工作的产物，是从根本上提高維护質量、保証飞行安全的有效措施。經过几年来的传播介紹，这个先进經驗已推广到航空部队和学校的各机种、各专业，而且經过广大机务人員的实践，有了新的发展。因此，将“夏北浩檢查法”改名为“鞍山基地机务大队先进經驗”，就更能反映出这个先进經驗的全部內容，特别是夏北浩同志一顆紅心为飞行的思想和“三个負責”的精神，也更能表达出这个先进經驗是广大机务人員維护經驗的結晶，更能适应今后进一步的发展和推广。

各級工程机务部門和領导干部，应向全体机务人員講清改名的原因，并繼續大力宣揚、学习和推广夏北浩同志的先进經驗，特别是学“三个負責”的精神，一絲不苟的优良作风就可以变成巨大的物质力量，就可以飞行任务和安全就有了更可靠的保証。

空軍工程部
一九六六年三月七日

主送：发至机务大队

关于“夏北浩检查法”改名问题的通知

部队各个时期广泛开展练兵比武活动

我们稍老一些的机务干部都记得，1964 年全军掀起了轰轰烈烈的群众性大练兵热潮的时期，机务部队的情况也和全军一样，到处呈现一派为革命钻研技术业务的动人景象，单兵、单项的练兵活动蓬勃展开，还出现了像三十二师特设分队那样苦练过硬本领的建制分队。更突出的是在空军范围内总结、推广“夏北浩检查法”。学习“夏北浩检查法”活动迅速在部队中广泛地开展起来。就是这一年，飞行时间最多，但事故最少。

——在空军航空工程机务部队岗位练兵中期检查考核开始时的讲话，

空军顾问薛少卿，1978 年 6 月 5 日

夏北浩荣誉室门厅雕塑

部队举行纪念夏北浩活动

榜样的力量是无穷的。夏北浩同志这次亲自示范检查飞机，对我们启发很大，震动很大。他检查飞机全神贯注，把全心全意为党工作的一颗红心，落实到每一项检查工作中去，任何故障缺陷也逃不脱他的眼睛。事实生动地说明，夏北浩同志就是过硬，“夏北浩检查法”就是管用。

——王寄洋在空军航空工程机务部队岗位
练兵中期检查考核小结的讲话，1978 年 6 月 10 日

1978 年航空机务中期考核现场

夏北浩同志是1964年全军群众性大练兵高潮中涌现出来的先进典型。“夏北浩检查法”是从机务维护工作实际中总结出来的好经验。空军党委要求机务人员认真学习夏北浩，在机务部队普及“夏北浩检查法”，就是要恢复和发扬机务维护工作的优良作风。

——空军副司令员吴富善在空军航空工程机务部队岗位练兵中期检查考核总结时的讲话，1978年6月10日

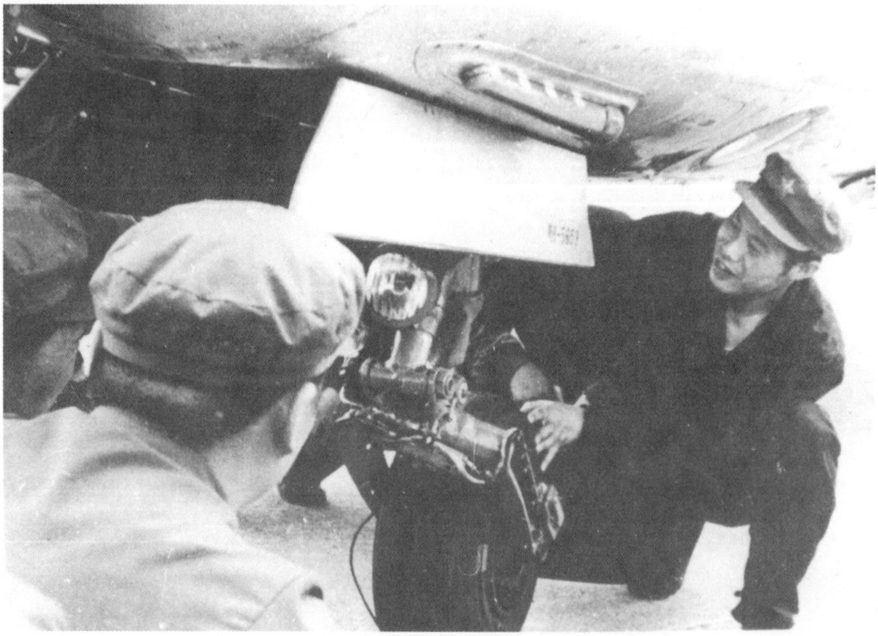

1978年夏北浩给参会人员介绍维护经验（右1）

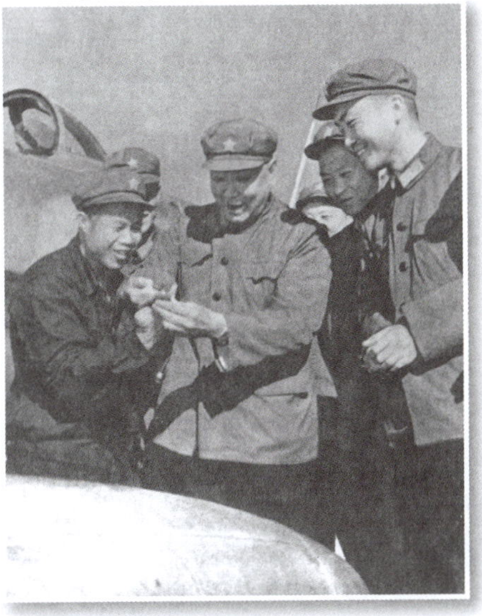

原空军司令员王海和夏北浩的合影（左 1）

在这次考核中，夏北浩同志要给大家做检查飞机的示范表演，空一师要介绍夏北浩同志的先进工作经验和检查方法。这次独立团以上单位搞机务工作的同志都有人来，是深入普及“夏北浩检查法”的好机会。

现在对夏北浩检查不是学不学的问题，而是一定要学，一定要在机务部队普及。空军党委已经决定，三年内，机务中队夏北浩式的机组（专业组）要达到60%。我们一定要达到并争取超过。

——空军顾问薛少卿在空军航空工程机务部队岗位练兵中期检查考核开始时的讲话，1978 年 6 月 5 日

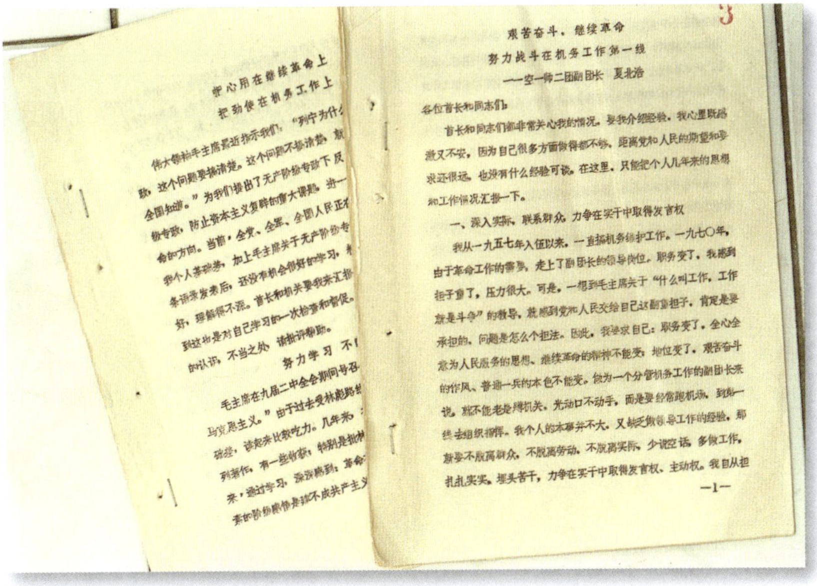

艰苦奋斗，继续革命
努力战斗在机务工作第一线
——空一师二团副团长　夏北浩

各位首长和同志们：

首长和同志们都非常关心我的情况，要我介绍经验，我心里既感激又不安，因为自己很多方面做得都不够，距离党和人民的期望和要求还很远，也没有什么经验可谈。在这里，只能把个人几年来的思想和工作情况汇报一下。

一、深入实际，联系群众，力争在实干中取得发言权

我从一九五七年入伍以来，一直搞机务维护工作。一九七〇年，由于革命工作的需要，走上了副团长的领导岗位，职务变了，我感到担子重了，压力很大。可是，一想到毛主席关于“什么叫工作，工作就是斗争”的教导，就感到党和人民交给自己这副重担子，肯定是要承担的，问题是怎么个担法。因此，我要求自己：职务变了，全心全意为人民服务的思想、继续革命的精神不能变；地位变了，艰苦奋斗的作风、普通一兵的本色不能变。做为一个分管机务工作的副团长来说，就不能老是蹲机关，光动口不动手，而是要经常跑机场，到第一线去组织指挥。我个人的本事并不大，又缺乏做领导工作的经验，那就要不脱离群众，不脱离劳动，不脱离实际，少说空话，多做工作，扎扎实实，埋头苦干，力争在实干中取得发言权、主动权。我自从担

—1—

夏北浩的讲稿

部队各个时期广泛开展学习夏北浩练兵比武活动

当前机务工作的主要问题，不是“条条框框”太多而是合理的规章制度贯彻不力；不是“老一套”过时，而是优良传统作风发扬不够，我们必须把错误思想澄清过来，把颠倒的是非颠倒过来，把优良传统作风恢复过来。

——发扬优良作风，抓好部队建设：普及“原鞍山基地机务工作经验”的做法和体会，空三军机务处长贯振恒在航空工程机务工作座谈会上的发言，1977 年 6 月 30 日

部队各个时期广泛开展学习夏北浩练兵比武活动

要继续提倡和发扬夏北浩精神，教育机务人员严格执行条例规程，精心检查、精心维护飞机。夏北浩精神是广大机务人员兢兢业业、一丝不苟工作的具体体现；“夏北浩检查法”是广大机务人员集体智慧的结晶，是科学维修的一个内容。在这里特别强调一下，虽然近几年来，我们的维修技术、维修手段有了很大的发展，但夏北浩创造的飞机检查程序、路线并没有过时。先进的仪器设备只能代替某个部位、某个机件的检查手段，并不能代替检查的程序和路线。认真落实“夏北浩检查法”是保证检查飞机不漏项的有效办法。因此，我们要理直气壮地大力宣扬夏北浩精神和检查法，使之不断延续和发展。

——温奎副部长在空军机务部队基层建设座谈会结束时的讲话，1989 年 4 月 24 日

部队各个时期广泛开展学习夏北浩练兵比武活动

某旅机务大队严格落实“夏北浩检查法”

航空机务人员工作中践行“三个负责”精神

随着装备在更新，维护手段也在改革的大好形势，学习和推广“夏北浩检查法”将继续坚持和发扬下去，因为它是一代人集体智慧的结晶，是经过科学的总结，较好地实现了政治与技术的统一，理论与实践的结合。它反映了做好机务维护工作的规律，谁违反这个规律，谁就将吃苦头。试想，没有“三个负责”和“四个一样”的精神，怎么谈得上有高度的革命事业心，没有“三想、四到”，怎么谈得上对工作认真负责，即便采取了新的技术措施，也还要用“五官”，也要做到“四到”，只是内容和对象不同而已。过去，学习“夏北浩检查法”对提高飞机维修质量，培养优良维护作风保证飞机安全起到了显著作用，已被维修实践所证明，今天，在装备老旧、人员不断更新的条件下，学习“夏北浩检查法”更具有现实指导意义。将来不管装备如何更新，人员如何换代，仍然要继承和发扬“夏北浩检查法”，必将显示出它强大的生命力。

——对夏北浩检查法总结和推广情况的回忆，王清泉，《航空维修》，1990 年第二期

部队各个时期广泛开展练兵比武活动

部队开展纪念夏北浩活动

学员学习夏北浩活动

夏北浩同志是航空工程战线的一面旗帜，是航空工程系统全体人员学习的榜样和楷模。他的“三个负责”精神，“三想、四到、四个一样”的工作态度，按路线检查飞机、按程序操作的工作方法，是空军广大工程机务人员长期实践经验的科学概括，是优良维修作风的集中体现。结合学习雷锋，开展学习夏北浩的活动，对于发扬光荣传统，培养优良维修作风，圆满完成作战训练保障任务，具有深远意义。几年来随着航空工程改革的逐步深入，情况有了很大变化，研制出一批新的维修手段，修改了飞机维护规程，“夏北浩检查法”在改革中得到了发展和创新。然而，不管武器装备怎么更新，手段怎么先进，维修制度怎么变革，各项工作总是要人去做，机务工作的优良传统必须继承发扬，夏北浩同志的好思想、好作风要一代一代传下去。

——振奋精神，艰苦奋斗，把航空工程工作继续推向前进，
朱维斌部长在空军航空工程工作会议上的讲话，1990 年 1 月 13 日

学习、纪念夏北浩事迹活动

宣扬夏北浩事迹的相关书籍、杂志

教育大家认清科学技术越发展，飞机装备越先进，越需要“三个负责”的精神；认清任何先进仪器设备都要靠人来使用，如果缺乏强烈的事业心和责任感，没有夏北浩“三想、四到、四个一样”的工作态度，不按路线检查，不按程序操作，再先进的东西也难以发挥作用。讲清“夏北浩检查法”不但过去适用，现在也仍然是检查维护飞机的科学方法。

——学习夏北浩，发扬机务工作的优良传统，
空1师1团机务大队的事迹，1990年1月30日

维修方式、维修手段和维修法规的变革和进步，并不意味着维护保障一线第一手工作变得无足轻重，而是伴随维修改革显得更加重要；并不意味着对工作者要求降低了，而是恰恰相反，只有工作者的素质也相应提高了，各项建设和改革的成果才能更好地发挥其效益；并不意味着原来在推广“夏北浩检查法”过程中确定的各机种具体检查飞机路线不能一成不变，而要根据新情况和装备的特点，及时做些修改，有所发展。这充分说明，“夏北浩检查法”并没有过时，夏北浩那种对工作高度负责的精神、那种科学严谨的工作态度、那种精心维护的优良作风，任何时候、任何工种都不可缺少。

——学习夏北浩精神　加强航空机务职业道德建设，
空装外场部，李学忠，《航空维修》，1997 年第四期

流逝的是时间，变化的是装备
夏北浩精神，作为空军航空机务工
良维护作风的集中体现，经过50年
热潮，依然在延续。他和他用生命
责”，成为机务官兵心目中永远的

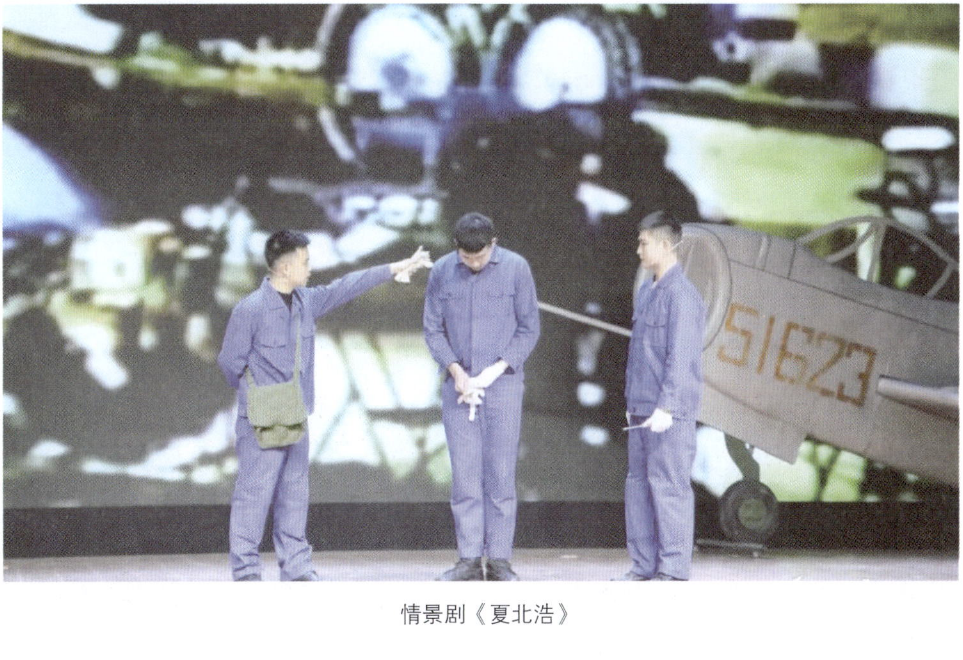
51623

情景剧《夏北浩》

深入开展学习雷锋、学习夏北浩活动，弘扬革命正义。夏北浩是空军机务战线的一面旗帜，夏北浩精神是广大机务人员高尚品质和优良维护作风的集中体现。机务部队要在广泛开展学习雷锋活动的同时，大力宣扬夏北浩的先进思想事迹，提倡和发扬夏北浩“三个负责”的革命精神，“三想、四到、四个一样”的工作态度（工作前想上级的规定和要求，工作中想方法和步骤，工作后想有没有遗漏；该看到的看到，该摸到的摸到，该听到的听到，该嗅到的嗅到；领导不在场与在场一样，冷天、热天与一般气候一样，飞机没有故障与有故障一样，飞行结束晚与结束早一样）。空军准备编写系统介绍夏北浩事迹的小册子，印发机务部队学习。

——《关于加强空军机务人员队伍建设的决定》，空军，1990 年 5 月 3 日

开展“正确对待使命”教育，弘扬“夏北浩精神”、传承优良传统作风。以纪念空军授予夏北浩“机械师尖兵”荣誉称号50周年为契机，突出“学夏北浩精神、做夏北浩传人”主题，系统梳理机务部队光荣传统和英模典型，开展“拍摄一部宣传片、编发一本励志集、表彰一批先进典型、组织一次巡回报告、开展一次群众性大讨论”等系列教育活动，并使之常态化制度化，确保优良传统真正成为广大机务官兵长精神、振士气、增本领的营养剂，激励他们自觉增强职业荣誉感、立足岗位做贡献建新功。

——《关于大力推进航空机务人员队伍建设切实加强一线维护力量提高一手工作质量的决定》，空军，2014年1月8日

某训练基地某营用夏北浩为命名新兵连队

以夏北浩命名的道路

新形势下传承弘扬夏北浩精神，要深入学习领悟蕴含其中的忠诚、负责、刻苦、精细、求实的崇高职业品格，不断赋予新的时代内涵，使优良传统作风历久弥新，焕发出强军兴军的强大正能量。

——《关于广泛深入学习宣传夏北浩精神的意见》，空军政治部、空军装备部，2014 年 8 月 13 日

工程学院夏北浩雕塑

工程学院夏北浩图书馆

航空机务士官学校北浩园（局部）

航空机务士官学校夏北浩图书角（局部）

后记

关于机械师尖兵、雷锋式干部、100位新中国成立后为国防和军队建设作出重大贡献、具有重大影响的先进模范人物——夏北浩事迹的文献共四册:《夏北浩自述》《夏北浩故事》《夏北浩事迹》《夏北浩画册》。

《夏北浩自述》是来源，收录夏北浩的发言稿六篇、自传一篇和夏北浩总结的维护歼-6飞机的“133条”经验。通过夏北浩发言稿、自传等，能够帮助理解“夏北浩检查法”中蕴含的先进思想、优良作风、过硬技术和科学方法的精神内涵。

《夏北浩故事》是综述，内容来自夏北浩的发言稿、思想自传，空军历次学习夏北浩精神、推广“夏北浩检查法”的会议文件和首长讲话，夏北浩战友的回忆文章、述评，夏北浩曾经传授经验部队的报告、接受过夏北浩传授经验人员的文章等历史文献资料。以夏北浩的成长经历和“夏北浩检查法”产生、丰富、总结、学习、推广的过程为线索，讲述夏北浩平常而感人的事迹、平凡而伟大的一生。

《夏北浩事迹》是细节，内容包括两个部分:第一部分，选载1964—2011年报纸、杂志有关夏北浩事迹的文章。第二部分，选载1964—1966年学习、推广、普及“夏北浩检查法”的文章。从梳理的夏北浩事迹和“夏北浩检查法”产生、推广、普及过程的相关历史文献资料中，能够较为详细地看出“夏北浩检查法”的具体内容、内涵精神，学习、推广、普及“夏北浩检查法”的过程和方式方法，以及运用“夏北浩检查法”的心得体会。

《夏北浩画册》是概要，通过大量的照片、图片和文献资料，简要介绍夏北浩精神——先进思想、优良作风、过硬技术、科学方法的内涵，展现了夏北浩热爱党、热爱祖国、热爱航空机务的精神内涵，展示夏北浩创造的“三个负责”精神和“夏北浩检查法”所蕴含的含义。

在整理文献资料过程中，深深感到对夏北浩精神表达得不够充分透彻，期盼更多航空机务的人一起来研究航空机务优良传统、优良维护作风，一起学习夏北浩的先进事迹，一起探寻“夏北浩检查法”的内涵，一起探索夏北浩精神的时代作用和意义，为航空机务工作的建设添砖加瓦，贡献力量和智慧。

牛强军

2024年8月20日

作者简介

牛强军，1969 年 9 月出生于河南新乡。

1987 年 10 月，入伍到西宁兰州军区空军航空机务训练团，在夏都度过冬、春、夏三季八个多月的新兵入伍军事训练、机务学兵专业学习的日子。

1988 年 6 月，分配到张掖第五飞行学院第三训练团，在机务四中队任无线电员。在甘州戈壁深处，伴随着歼 -5、歼教 -5 飞机的轰鸣声，度过了两年多航空机务一线保障维修的生活。

1990 年 8 月，考入位于信阳的空军第一机务专科学校，在申城豫风楚韵中，度过了三年紧张有序、感怀终生的军校时光。

1993 年 7 月，毕业留校任教。在鄂豫皖革命老区的红色暖风中，踏着老八校前辈的足迹，赓续一航院传统，至今。

蓦然回首，恍觉半生，航空机务早已融入血脉筋骨。三十多年机务生涯，亲历了航空装备更新换代、航空技术飞跃发展、维修保障模式的探索创新。从机务新兵到机务老牛，在航空机务发展的历史长河中，不断汲取养分，在岁月的春华秋实里，砥砺前行。